版权声明

Intentional Teaching in Early Childhood © 2019 Sandra Heidemann, Beth Menninga, Claire Chang. Original English language edition published by Free Spirit Publishing, an imprint of Teacher Created Materials, Inc. 5482 Argosy Avenue, Huntington Beach California 92649, USA. Arranged via Licensor's Agent: DropCap Inc. All rights reserved.

保留所有权利。非经中国轻工业出版社"万千教育"书面授权，任何人不得以任何方式（包括但不限于电子、机械、手工或其他尚未被发明或应用的技术手段）复印、拍照、扫描、录音、朗读、存储、发表本书中任何部分或本书全部内容，以及其他附带的所有资料（包括但不限于光盘、音频、视频等）。中国轻工业出版社"万千教育"未授权任何机构提供源自本书内容的电子文件阅览、收听或下载服务。如有此类非法行为，查实必究。

Intentional Teaching in Early Childhood
Ignite Your Passion for Learning
and Improve Outcomes for Young Children

有准备的幼儿教师
从新手教师到专业引领者

[美] 桑德拉·海德曼（Sandra Heidemann）
贝丝·门宁加（Beth Menninga）
克莱尔·章（Claire Chang）
著

毛曙阳 译

中国轻工业出版社

图书在版编目（CIP）数据

有准备的幼儿教师：从新手教师到专业引领者／（美）桑德拉·海德曼（Sandra Heidemann），（美）贝丝·门宁加（Beth Menninga），（美）克莱尔·章（Claire Chang）著；毛曙阳译. -- 北京：中国轻工业出版社，2025.6. -- ISBN 978-7-5184-5417-4

Ⅰ. G615

中国国家版本馆CIP数据核字第20250VH690号

责任编辑：张天怡　　责任终审：张乃柬

策划编辑：张天怡　　责任校对：刘志颖　　责任监印：吴维斌

出版发行：中国轻工业出版社（北京鲁谷东街5号，邮编：100040）

印　　刷：三河市鑫金马印装有限公司

经　　销：各地新华书店

版　　次：2025年6月第1版第1次印刷

开　　本：710×1000　1/16　印张：14.25

字　　数：210千字

书　　号：ISBN 978-7-5184-5417-4　定价：56.00元

读者热线：010-65181109

发行电话：010-85119832　　010-85119912

网　　址：http://www.chlip.com.cn　　http://www.wqedu.com

电子信箱：1012305542@qq.com

版权所有　侵权必究

如发现图书残缺请拨打读者热线联系调换

240652Y1X101ZYW

译者序
成为有准备的幼儿教师

在教师的成长过程中,如何成为专业的、优秀的和受儿童欢迎的教师,是每一位教师都会反复思考的问题。针对这一话题,本书的三位作者以新颖独特的方式提出了新的思路和建议,即教师应该有规划、有准备。她们认为,教师充满学习热情,就可以改善儿童的学习成效,教育过程就会更加生动有趣。下面,笔者将围绕"成为有准备的幼儿教师"这一话题从以下三个方面和大家一起进行深入的探讨。

一、为何要成为有准备的幼儿教师?

(一)提高幼儿教师的有准备程度有利于儿童的成长

幼儿教师们都期待自己的专业能力得到有效提升,希望自己积极有为且有准备,但在教育教学的实践中,这始终是一个富有挑战的难题。全美幼教协会(National Association for the Education of Young Children,NAEYC)前主席卡萝尔·布伦森·戴(Carol Brunson Day)博士在本书的推荐序中提出:"尽管这是一个及时且令人感到兴奋的话题,但是,'有准备的幼儿教师'并不是一个新的概念。教师需要对自己所做之事有充分的认识和理解,并且在与儿童和家长一起开展学习时始终保持深思熟虑及专注投入的态度,这一理念自幼儿教育领域建立以来就一直是我们对所有教师的由衷期望。然而，当人们身处纷繁多样且持续变化的课程模式和评估体系之中时，如何实现这一目标依然是一个亟待解决且富有挑战性的问题。"在本书中，三位作者提出，"有准备"是指："一个人在有着充分的意识、考虑、觉察和准备的状态下所发生的行为，如制作、给予或完成某件事情。"她们认为："如果教师对于自己正在做的事情有着充分的觉察和准备，那么儿童就会获得更好的学习成果。在学习过程中，儿童不仅会获得更加优秀的学业成绩，也会在社会情感领域获得更好的发展。"当你成为有准备的教师后，"你要认真思考课程的内容是什么、如何教才能吸引孩子们，以及如何判断自己是否已经达到了目标。"这样一来，教师就可以根据儿童的需求对计划进行灵活调整，支持儿童在经历各种挫折、失败和反复尝试的过程中进行学习并获得成长。因此，作为儿童成长的专业陪伴者和友好支持者，教师应该更加清楚地意识到，要成为有准备的教师，就必须在教育的过程中善于规划，善于反思、深思熟虑、系统全面地进行思考、实践和探索。

（二）提高教师的有准备程度有利于幼儿园保教质量的提升

在教育实践中促进教师以多种方式提高自身的有准备程度，可以为幼儿园保教质量的有效提升提供坚实的基础和保障。一方面，教师有准备程度的提高有利于创设良好的教育环境。三位作者提出："当所有照护儿童的成人都能够有准备地与儿童互动、提供教育活动时，儿童就会从中受益。"儿童容易受环境的影响，他们极其善于模仿，会在模仿成人良好言行的过程中形成良好的思维方式和行为习惯。儿童非常希望得到肯定和鼓励，教师应当关心和倾听儿童，有力地支持儿童的探索、发现和想象，支持儿童更好地展示和拓展自身的兴趣及想法，支持他们开展有意义的学习。另一方面，教师有准备程度的提高有利于教师自身的成长。教师如果有了明确的规划并且善于及时反思，就可以更好地理解儿童，更加深刻地理解教育理念，更加主动地探寻教育规律，也能更好地理解自身的成长历程，产生一定的专业成就感，更多地感受到职业幸福感。在幼儿园的一日活动中，在鼓励儿童探索发现的过程中，在支持儿童游戏的过程中,在各种团队交流分享活动中,教师都需要有规划、有准备,有自己的学习反思与深思熟虑。

二、怎样才能成为有准备的幼儿教师?

(一)教师需要有明确的角色定位

教师需要清楚地认识与思考自身的角色定位。本书的三位作者提出,教师要更多地关注自己的专业形象和角色,即知道"我扮演什么角色?"以及"为什么我要扮演这样的角色?"。她们建议教师更多地回顾和反思,认为无论以何种方式开启教育生涯,你都应该认真反思自己的最初阶段,这将帮助你认识和理解这一工作对你来说具有怎样的价值和意义,也会让你认识到自己正处于专业成长中的哪个阶段。你可以再次仔细地思考以下问题,如"你第一次意识到自己想成为一名教师是在什么时候?在第一年的教育工作中,你感觉如何?在第一年(或第一个月)的教育工作中,最令你难忘的事情是什么?"当你围绕这些话题进行回想时,你可能会再次感知和体验到自己教育生涯中所经历过的种种变化,也许会感慨良多,心生感激。这样的回顾能够引发教师深刻的反思。在三位作者看来,教师如果能够回归教育初心,始终坚守专业信念,不断地提醒自己,通过实际行动进行自我调整,严格地要求自己,持续地探索教育规律,深入地倾听和了解儿童,不断地摸索、总结和反思,就会变得更加自信和优秀。

(二)教师需要不断地提高自身的专业素养和专业能力

教师专业成长的旅程是漫长且曲折的,需要有坚定的信念和持续的努力。在本书中,三位作者提出,在专业发展的过程中,教师往往会经历三个阶段,即教师的学习阶段、教师的实践阶段、教师的分享和示范阶段。其间,教师会经历各种挑战,不断解决面临的各种问题,也会不断总结出有效的方法和策略,在解决问题的工具箱中随时添加新的工具。本书的三位作者向大家介绍了许多有效策略,而下列策略尤其引人关注。

其一，困境是有价值的。对教师来说，困境具有积极的作用。三位作者提出："困境需要你反思自己的价值观，从不同的角度创造性地、有逻辑性地思考问题，有意识地做出选择。与困境做斗争，能让你有丰富的机会意识到自己关于教育的价值观和优先事项。"她们还指出，"你可能需要更多的时间、信息、新的经验或新的视角，才能更好地面对困境并解决复杂的问题"，鼓励人们把陷入困境视为有效解决问题过程中的一个十分自然的组成部分。因此，教师要清楚地认识到，在成长的过程中，要善于把困境视为获得发展的良好机会，要在应对问题与困境的过程中不断地提高自己的专业素养和专业能力。

其二，教师要和儿童建立良好的关系。在幼儿教育机构中，在儿童的学习与发展中，师幼关系的质量十分重要。三位作者提出："每个教育活动的核心都是儿童与教师之间的关系。对幼儿教育工作者来说，这种关系尤其重要。儿童非常在乎他们的教师，且可以很快地判断出谁在关心他们。在充满信任和安全感的关系中，儿童能够展现出最佳的学习状态。对儿童来说，那些教师认为微不足道的行为，如记住他们的名字、拥抱、分享欢乐、认真倾听冗长且难懂的故事，恰恰就是与他们建立良好关系的基础。而这种关系反过来又可以成为儿童敢于冒险、勇于提问和善于学习的基础。"因此，教师需要进一步明确自身的教育理念，重视人际关系，积极主动地关心每个儿童，让每个儿童都能感受到被接纳、被尊重和被认可，这样才能有效地促进儿童的健康发展。

其三，在面对新问题时，教师可以尝试采用"解决问题七步法"。三位作者提出："试图过快地解决问题，可能会白白浪费精力。有效地解决问题需要时间、思考和耐心。"这一方法的七个步骤分别是：识别问题；收集信息；头脑风暴解决方案；挑选最佳方案；试一试；判断方案是否有效；在需要的情况下调整方案。这些步骤看起来有些费时费力，但是经过多次运用，教师就会发现这一方法确实能够发挥积极的作用。因此，教师完全可以借助于这一思考路径，根据自己面临的实际情境，针对最迫切和最关键的问题，探索出各种有效的新方法、新策略和新思路。

其四，教师要对自己充满信心。教师要有理想和信念，有良好的心态，要积极主动地开展工作。三位作者提出，在支持儿童健康成长的过程中，教师需要展现出充分的耐心、坚持性和灵活性。"新近的研究表明，实际上，当儿童相信成功源自勤奋努力而非天赋品质时，他们就会更加成功。"教师的成功与进步也与其勤奋工作和充分发挥自身的优势有着密切的关联。"没有人天生就是优秀的教师。"三位作者还认为，教师不要过于严苛地评估自己，可以把自己视为一个终身学习者，始终保持好奇，善于探究和发现问题，更多地倾听和了解他人的观点，这样就可以在亲身经历和反思实践的过程中持续总结经验并获得成长。作者们坚信："对儿童的观察以及你与儿童的相处方式，体现了你的创造力和乐于接受变化的开放态度。你为了成为优秀的教师而付出的努力不仅会让你所教的孩子们受益，也会丰富你自己的生活。"由此，我们可以清晰地看到，一段良好的教育历程不仅会让儿童受益，也会让这一历程中的每个人都感受到温暖与成长。

总体来说，无论你是一名新手教师还是一名资深教师，无论你处于专业发展的哪个阶段，你都可以在阅读本书的过程中有收获、有启发，都能感受到明确的指导与帮助。幼儿教育这个行业需要教师投入大量的精力、热情和智慧，需要教师更加有准备，需要教师有更加明晰的理念和目标。通过多次反复的探究、反思、倾听和对话，教师们就可以真切地感受到这个行业所特有的挑战与回报。

三、在成为有准备的幼儿教师的过程中如何迎接挑战？

（一）教师可根据自己所处的实际情况以兼容并包的方式进行思考和行动

在专业成长的历程中，教师需要根据自己的实际情况展开探索和实践。在解决自身实际问题的过程中，教师需要树立适宜的教育理念，创造性地开展工作，更多地向儿童学习，向周围的同行学习，向大自然和大社会学习，在相互启发和相互鼓励的氛围中持续提升自身的专业能力。教师要逐步形成兼容并包的思维方式。在思考问题的过程中，我们会发现，"非此即彼"的思维方式有可能大量减少教师和孩子们所拥有的选择及机会，而"兼容并包"的思维方式能够让教师的教育方法更加平衡，有助于实现教育的长远目标。本书的三位作者提出："教师如果采用非此即彼的思维方式，就会认为这些选项是相互排斥的，最终抵制这些变化，产生不满情绪或者担心这种倾向伤害孩子们。教师如果采用兼容并包的思维方式，就会觉得这些选项是可以共存的并接受它们。"孩子们是学习的主体，他们需要游戏，需要探索发现，而有准备的教师会在孩子们学习的过程中充分发挥自己的支持作用。此外，教育的过程是复杂多样的，简单的应对方法难以达到预期的目的。因此，教师们需要结合自身实际，发挥首创精神，因地制宜地探寻出最适合自身的方法和策略，不断地提高有准备的程度。

（二）教师应制订切实可行的长远规划

教育是一个持续累加和迭代更新的过程。教师如果想要在专业发展方面有长足的进步，就需要有长期的规划和打算，探索并遵循教育的规律，善于等待和坚持。那些有经验的园丁都知道，在多年生植物生长的过程中，人们要善于等待，才能至少在三年之后见识到植物真正的美丽与神奇。本书的三位作者提出，教师在自我成长的过程中也要有耐心，要学会等待和坚持。她们充满善意地提醒教师："你要对自己有耐心。要知道，孩子们在学习一项新技能时，他们通常会集中精力练习这项新技能，直到自己达到非常熟练的程度。请允许自己有同样的学习时间。请记住，如果有了大量的学习和练习，就像你班级里的孩子们一样，你最终就会通过整合新的知识和技能获得更为平衡的方法以支持学习与教育教学。"荀子曰："骐骥一跃，不能十步；驽马十驾，功在不舍。"教育是一个完整的过程，是一个持久的历程，需要教师有更多的准备、守望和耕耘，需要教师坚持不懈地努力、探索和实践。

本书出版之际，我要在此表达自己的感谢。感谢本书的三位作者，你们的深刻反思、独到观点和实践探索让大家受益良多，你们所展现的关切热爱、持续钻研和真诚友好也让大家钦佩赞叹。感谢家人和朋友们，有了你们的鼓励和支持，我才能有更多的信心和勇气，才能更好地面对这一艰巨的挑战。我还要感谢中国轻工业出版社万千教育编辑部的张天怡老师，你的信任和建议给了我极大的支持。

　　由于译者能力和水平有限，书中会有一些疏漏和不到之处，敬请读者予以指正。

毛曙阳

2025 年 1 月

原书推荐序

在2019年出版的新书中,本书作者以"有准备的幼儿教师"为主题,这一理念在当前的教育环境下显得尤为及时。正如全美幼教协会最新发布的使命宣言所表达的,自1926年成立以来,该组织首次将提升专业水平明确定为核心工作的内容之一。因此,我们正处于幼儿教育领域中有准备的教育变革的黎明时分,这一变革专注于教师的成长。

尽管这是一个及时且令人感到兴奋的话题,但是,"有准备的幼儿教师"并不是一个新的概念。教师需要对自己所做之事有充分的认识和理解,并且在与儿童和家长一起开展学习时始终保持深思熟虑及专注投入的态度,这一理念自幼儿教育领域建立以来就一直是我们对所有教师的由衷期望。然而,当人们身处纷繁多样且持续变化的课程模式和评估体系之中时,如何实现这一目标依然是一个亟待解决且富有挑战性的问题。

桑德拉·海德曼(Sandra Heidemann)、贝丝·门宁加(Beth Menninga)和克莱尔·章(Claire Chang)这三位作者在14年的时间里与数百名教师通力合作,积累了丰富的第一手经验。她们对"有准备"这一概念进行了深入的探索和分析,并且为当前幼儿教育的发展贡献出独特的研究和思考视角。用她们的话说,她们致力于"揭开支持教师全面发展的神秘面纱"。这句话听起来很简单,是吗?但是,她们在促进教师专业发展方面所采取的方法确实是深刻入理和微妙独特的。而且,她们提出这一方法也恰逢其时。当前教育领域中正涌现出新的变革思路，人们倾向于为幼儿的主动学习提供持续、有力的支持，这主要体现在知识内容的扩展以及师幼互动策略的改进等方面。这几位作者采取了不同于以往的研究方法，将注意力集中于教师的专业发展这一问题上。与以往的做法相比，这一方法是十分巧妙的，也十分明显且明确，它意味着一种新的转变，人们将把关注的重点从关注班级里教师"怎么做"和"做什么"转变为关注教师在孩子和其他人面前的角色，即教师要明确"我是什么角色"以及"为什么我是这样的一个角色"。当你深入阅读本书时，你就会慢慢地感受和体验到这种细微缓慢的转变。

我们在学习新事物时总是希望习得并掌握具体的方法，但是有些时候，具体的方法如同食谱，让教师被迫去复制或模仿。这本书巧妙地避免了这种模式。也就是说，尽管书中充满了各种具体的方法——教师自己的故事、教师之间的故事、班级里孩子们的故事以及教师与家长互动的建议，但是这些方法只是用于开启更多新的可能性，启发读者思考一个新问题，即如何重新思考幼儿教育专业人士的身份和角色。作者致力于让教师在构建自身教育实践的过程中始终保持一种积极的角色状态，从而有力地促进教师的成长和发展。在指导教师进行思考、反思、分析和以新的方式理解问题时，作者始终传达着对教师能力的美好期待和充分信赖，即相信教师完全能够顺利地实现目标并获得自己预想的成果。

这是一项了不起的成就：作者在书中展现了对教师力量的信任，教师不仅改变自己的教育实践，还能对自己所在的教育机构产生深刻的影响。读完这本书，我深信，教师完全可以克服变革过程中的各种常见障碍（如没有资金、太忙、阻力太大、认为现在还不需要这样做），它们无法阻拦教师，恰恰相反，教师可以把它们转化为让自己成为"更具创新精神的思考者与实践者"的良好机会。作者通过各种方式让教师感受到，在专业发展的过程中，教师始终处于极具影响力的地位；也提供了一些具体的策略，如"想一想，怎样才能影响那些制订培训计划的人？"，以及一些更复杂的策略，如怎样更好地揭示并探明自身专业成长的动力机制。

此外，由于这几位作者（桑德拉·海德曼、贝丝·门宁加和克莱尔·章）都拥有丰富的职业经历和生活阅历，因此能够更好地与大家分享各种生动的故事，让读者更清晰和直观地理解她们的观点。她们写作的内容与教师有关，她们写作的目的也是为了教师。在写作过程中，她们创造并应用了许多引人入胜的表达方式及模板，这让整本书都充满了情感态度和生活气息。

那么，我个人最喜欢的部分是什么呢？由于我始终相信，直面矛盾的观点有助于人们更好地思考，所以我非常喜欢本书作者将人们所面对的困境视为各种各样的机会，从而让人们清楚地认识到自己在教育方面所持有的价值观以及优先选项。作者将"困境"定义为人们必须在相互竞争或矛盾的观点中做出选择时的特别情境，鼓励人们把陷入困境这样的挑战视为应对问题过程中的一个十分自然的组成部分，也将此视为自己应对问题的一种有效方法及手段。作者鼓励我们接受自己在过程之中会犯错以及会暂时失去平衡这一事实——这对教师来说，非常重要！

作为一名生活在当今世界的幼儿教育专业人士，当我阅读这一作品时，我感到一种特别的喜悦与自豪。作者的写作方式彰显了她们的人格特质和独特魅力。她们细心敏锐，善于观察，富有创造力，充满爱心，并且对周围的每个人都十分关心且尽心尽力，通过有意义的方式探讨文化及家长参与问题，并将那些被边缘化的群体视为有力量的典范。在我们这个行业，需要有这样的人来讲述和呈现我们的故事。虽然我只认识三位作者中的一位（克莱尔·章），但是我完全相信，作为幼儿教育行业的代表，这三位作者展现了最好的专业品质和人文素养。

作者们在应对变革所带来的各种挑战方面做得非常出色和有效。在阅读她们的作品时，你会感到仿佛有一个人正在你的身边，牵着你的手，一步一步地带着你走过一条思考之路，而这条路正是这个人曾经走过的路。

卡萝尔·布伦森·戴
全美幼教协会前主席，教育学博士

目 录

导言　001
    为什么要"有准备"？　002
    有准备的教育在幼儿教育中的重要性　004
    本书概览　006
    如何使用本书　008

第一部分　开启旅程

第一章　教育是一段旅程　013
    开启旅程　014
    教师专业成长的阶段　016
    关于教育的核心信念　022
    你是如何发生变化的？　023

第二章　走向有准备的教育　031
    你是一名有准备的教师吗？　031
    学习的过程　035
    变化与有准备的教育有何关系？　039

第二部分　变化带来有准备的教育

第三章　变化是分阶段发生的　053
　　变化促进成长　054
　　成长周期的三个阶段：学习、实践、分享和示范　055

第四章　教师的学习　063
　　学习的维度　064
　　了解你自己　066
　　学习内容和策略　069
　　通过与他人互动进行学习　072
　　教师成长中的这一阶段如何影响你的日常实践？　078
　　专业身份：作为教师，你是谁？　078
　　面对困境：你的实践内容和实践方式　079
　　应对情绪情感　084

第五章　教师的实践　095
　　你的实践内容　096
　　调整你的专业身份　097
　　实践内容和策略　100
　　获取和运用他人的反馈　107
　　教师成长中的这一阶段如何影响你的日常实践？　111
　　专业身份：作为教师，你是谁？　111
　　面对困境：你的实践内容和实践方式　112
　　应对情绪情感　112

第六章　教师的分享和示范　117
　　分享和示范的内容　118
　　培养自信　121

分享内容和策略　　124
　　其他成人的参与　　126
　　教师成长中的这一阶段如何影响你的日常实践？　　129
　　专业身份：作为教师，你是谁？　　130
　　面对困境：你的实践内容和实践方式　　131
　　应对情绪情感　　136

第三部分　　获得你所需要的

第七章　在教育之旅中获得支持　　143
　　培训　　144
　　学习偏好　　147
　　学习共同体或实践共同体　　152
　　辅导　　154
　　资源　　156
　　与家长建立伙伴关系　　157
　　教育机构的支持　　160

第八章　旅程中的绕路而行　　173
　　你如何解决问题？　　174
　　解决问题七步法　　175
　　解决问题和专业发展：问题与关切点　　180

第九章　反思你的教育之旅　　191
　　持续改进循环　　193
　　希望、担忧和亟待解决的问题　　200

参考文献　　205

导　言

作为教师，专业成长这件事情对你来说十分重要，对你所面对的儿童、儿童所在的家庭以及你所在的整个社区来说，也十分重要。当你立志成为最好的教师时，每个人都会从中受益。

有时候，在强调教育质量和教师职责的趋势之中，你可能感到迷茫、被边缘化或被遗忘。法规、评估、师幼比例和环境等方面的改善确实有助于提高教育的质量并支持教师履行好自身职责，但是更好的教师才能创造出更好的成果。当你清楚地知道如何开展教育教学、自己在教育教学中会学到什么，并且能够在时刻关注儿童顺利成长的同时提升自己作为教师的专业能力，那么你达到最佳状态的能力就会提高。

本书为教师主导的专业成长提供了一个框架体系——无论你在该领域的从业时间多长、无论你正处于教师发展的哪个阶段、无论你教的儿童正处于哪个年龄段，你都会从中有所收获。这也是一套良好的工具，它不仅可以成为你和搭班教师的工具，也可以成为那些指导和激励你开展工作的管理者的工具。你可以借助于这套工具掌控自己的专业发展之路，让自己顺利地成为专业人士，从而促进每个儿童的学习和成长。

为什么要"有准备"？

> 如果教师对于自己正在做的事情有着充分的觉察和准备，那么儿童就会获得更好的学习成果。

"有准备"的意思是，"一个人在有着充分的意识、考虑、觉察和准备的状态下所发生的行为，如制作、给予或完成某件事情。"我们相信，如果教师对于自己正在做的事情有着充分的觉察和准备，那么儿童就会获得更好的学习成果。在学习过程中，儿童不仅会获得更加优秀的学业成绩，也会在社会情感领域获得更好的发展。

我们将通过两个不同项目的研究和实践来切实感受有准备的教育所拥有的强大力量。第一个项目的重点在于如何提高儿童的读写能力以帮助他们做好入学准备，这些儿童主要来自美国中西部地区需要得到特别支持的家庭，这些家庭的收入水平较低，其中一些儿童在家庭中使用的语言不是英语。在第二个项目中，我们同样与具有上述特征的孩子们进行合作，帮助他们提高早期数学成绩。

借助于这两个项目，我们与当地的幼儿教育机构和项目团队，包括"开端计划"（Head Start）、非营利的幼儿教育机构、设置在小学的幼儿园和特殊学校，开展了密切的合作。通过这两个项目的研究和实践，我们发现，儿童的读写和数学成绩都有了统计学意义上的显著增长，部分儿童的最后一次成绩居然是他们最初成绩的两三倍，甚至是四倍。我们清楚地知道，在项目研究的过程中，实施的课程、教师的资质、儿童的基本情况、项目的结构和教师团队的组成都存在差异，但是我们依然十分欣喜且清楚地看到，儿童的学习效果有了明显改善。因此，总是有很多人不断地向我们咨询成功的秘诀。

本书揭示了我们的成功秘诀。我们发现，当我们寄希望于教师的有准备性时，教师就发生了改变。他们会站得更高，更加清楚地表达自己的观点，更多地借助于自身的知识和经验，更加坚定地为儿童进行辩护。有准备的教师会更加智慧地利用各种资源，更加熟练流畅地与他人分享和交流自己的知识及观点。通常来说，有准备的教师会成为教育持续变革的拥护者和教育公平公正的倡导者。随着教师更加有准备，他们的问题会从"为什么要这样做？"转变为"为什么不这样做？"。他们能够在自身的经验以及图书和期刊等出版物中进行更加深入的学习、总结和挖掘，并且借此方式解决问题、开展持续的讨论。有准备的教师能够从各种指导和监督中获得大量的益处及有力的支持，但是他们自身较少需要监督，因为他们会主动、持续地监督自己的行为。

对教育工作中大量的课程、资源、资料和环境材料进行回顾，我们就会更加重视教师的有准备性。有时候，我们认为某些持续增加的教育材料可能会"架空"教育过程中教师们的智慧。曾有一位教师认为，某些材料有可能限制教师的作用，让教师只开展预设的教育活动；另一位教师将这种倾向称为"无须动脑式教育"。

我们相信，教育远不是那么简单。教育是一门艺术，也是一门科学。我们相信，优秀的教师可以弥补有限的材料和课程，以及不完美的环境。反之，如果教师的才干和能力有限，那么即使是最好的材料、课程和环境也只能带来有限的成功。

本书的灵感来自这样一种感觉，即许多针对教师的资源只迎合了材料和环境，而这仅是教育冰山上的一角。"冰山一角"指的是某个物体或某种状况中最明显的一个

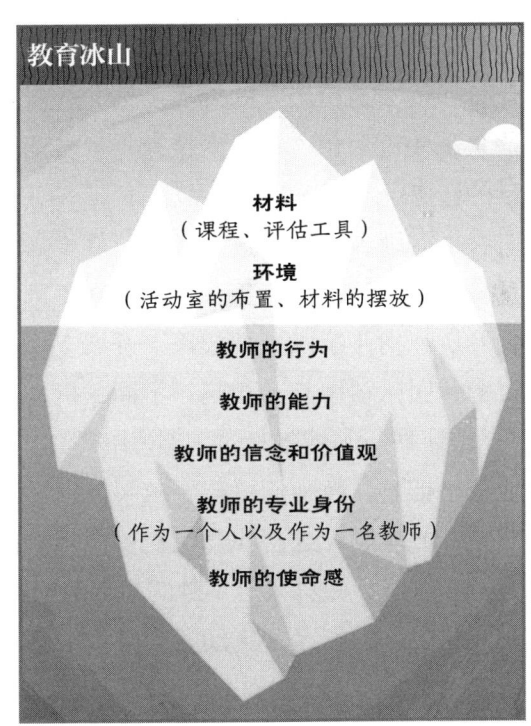

注：Sylvia Guinan, "Why Do Teachers Teach?" August 15, 2013.

部分或一个方面，这往往也是人们轻易就可以看到的部分。这个说法暗示着，在冰山一角之下还有更多、更大的冰山。那些隐藏在水面之下的内容更加宽广和深邃，而且常让人们难以觉察。

本书将揭开支持教师全面发展的神秘面纱，帮助你看到并解决整个教育冰山的问题。如果你是一名教师，那么书中的章节内容可以引导你开启自我发现和自我决策的心路历程。如果你正在从事支持教师专业发展的工作，那么本书可以帮助你引导教师持续地创造并有充足的时间进行反思，同时指导、督促和支持教师充分利用好合适的资源，从而获得最大限度的成长。

有准备的教育在幼儿教育中的重要性

将"有准备的教育"作为教师主导的专业发展中的准则，这在幼儿教育领域还是一个较新的尝试。我们承认，对幼儿教育工作者来说，专业发展依然是相当大的挑战。幼儿教育领域包罗万象，有时候难以界定清楚某些概念，这些因素让教师的专业发展和持续成长成为一项十分艰巨的任务。

幼儿教师可以通过在教育机构中工作或在家庭里提供照护服务这两种方式进入幼儿教育领域。他们在不同的机构（如儿童保育中心、家庭托儿所、幼儿园以及学校等）开展工作，其时间安排、工作模式、工作资源和团队结构都不相同。不同的机构也对教师有着不同的要求，比如"开端计划"的绩效标准、各州的教师就业要求、教师的学历证书和行业资格证书。教师们可能要教婴儿、学步儿、学龄前儿童和小学低年级儿童，或者所有这些儿童。在每个年龄段的教育中，人们都要求教师对儿童的发展和针对特定年龄的指导策略有专业的认识和理解。

过去，人们经常将幼儿教育划分为保育和教育。你可以在了解这个行业中的员工的工作头衔时切实地感受到这一点。一位幼儿教育工作者很可能被称为"保育员""教师""照料者"和"照护提供者"。事实上，各个机构中的所有幼儿教育工作者都在通过不同的方式参与对儿童的保育和教育。对儿童来说，教师提供滋养性关系和具有智力刺激的环境是极为必要的。

一些人认为，教师目的明确的计划往往与儿童的认知发展有着密切的关系，从而觉得那些关于目的和规划的讨论与教师的专业发展没有多大关系。其实不然，教师如果教完整的儿童，就必须在儿童发展的各个领域中有准备地施教，从而让自己成为高效的教师。此外，教师还需要清楚地认识到，在幼儿教育中，教育和保育是密不可分的。当你教孩子怎样如厕时，你就是在教育他们；当你陪着孩子一起从数字1数到数字10时，你就是在照料他们。

> 在幼儿教育中，教育和保育是密不可分的。当你教孩子怎样如厕时，你就是在教育他们；当你陪着孩子一起从数字1数到数字10时，你就是在照料他们。

鉴于机构的多样性、工作概念的广泛性和工作本身的复杂性，我们迫切地需要深入探讨如何支持幼儿教育工作者的专业发展。教师们如何学习才能成为更高效的幼儿教育工作者？当前，该领域中人们所做出的大量努力都是在提供新的领域知识和教育策略。然而，它们很难支持教师的专业发展。我们认为，这是幼儿教育工作者持续推进的专业发展进程中所缺失的一个因素。

随着可以证明支持幼儿教育具有重要价值的证据持续增多，以及对于幼儿教育的资助和关注不断增加，关于幼儿教师专业发展的讨论需要加快进度，不能等到该领域更加标准化、精确化或较少冲突时才开展。目前，所有教育机构中的年幼儿童都需要善思考、会回应且有准备的教师，而不是在未来的某个不确定的时间点才需要。无论你身处怎样的机构之中，也无论你处于怎样的职位，我们都希望本书能够帮助你在教育工作中变得更善于思考。

> 无论你身处怎样的机构之中，也无论你处于怎样的职位，我们都希望本书能够帮助你在教育工作中变得更善于思考。

本书概览

本书以教师的成长之旅为主线,从教师的起步阶段开始讨论。

第一部分　开启旅程

在第一章,我们探讨教师的发展阶段、关于教育的核心信念等问题。在第二章,我们围绕"有准备"一词展开讨论,帮助教师应对指令、外界期望的变化和不断增加的职责。

第二部分　变化带来有准备的教育

在第三章,我们将介绍成长周期的概念,包括以下几个阶段:教师的学习、教师的实践、教师的分享和示范。这些内容将为第四章奠定基础。我们在第四章探讨成长周期的第一阶段,即教师的学习,还介绍了教师学习的维度。第五章和第六章概述了成长周期的后两个阶段:教师的实践以及教师的分享和示范。第四章、第五章和第六章的核心内容是如何平衡好观察及相关研究、数据和各类标准带来的反馈,也要协调好在这个过程中所产生的矛盾情绪。有规划且用心的指导可以提升教师的教育技能、自信心和能力水平,帮助教师把握好教育实践中的平衡。在第六章,我们详细地阐述了教师在信心倍增的情况下应如何通过示范、展示和指导等方式与同事和家长建立密切的联系。

第三部分　获得你所需要的

你如果想以教育领域中引领者的角色继续旅程,就需要获得必备的"工具",其中包括了解自己作为一名学习者所具有的特质。在第七章,你将探索自己的学习风格和偏好,这样你就可以满足自身的现实需求和你所教孩子们的现实需求。在第七章,我们还会探讨其他支持的价值,这些支持往往来自学习共同体、实践共同体、指导教师等各类资源。

在第八章,我们将针对你在有准备的教育之旅中可能遇到的各种疑问、挑战和难题展开深入探讨。在这里，我们会关注解决问题的方法，以及对常见问题的探索。在第九章，我们将讨论深刻反思和持续改进的重要性，并描述一名教师实现有准备的教育的历程。最后，我们将为你加油打气。

本书各章还包含以下内容。

教师的成长故事。这些故事记录了教师们在经历书中所描述的各个成长阶段的心路历程。其中，有些故事是直接引用的，有些故事是由多个故事整合而成的。在这里，我们诚挚地感谢项目中的各位教师参与我们的观察研究，感谢他们愉快地分享自己的观点和各种亲身经历。

供读者自行复印的模板。我们在每章的结尾处都附上了相关的模板，这些模板能够帮助你在面对各种具体情况时进行应对和探索。你不仅可以借助于这些模板进行反思、记录、跟踪你在整个旅程中的变化和进步，而且可以将其作为规划未来工作的工具。为了更好地对自己所学到的内容进行深入讨论，你可以根据需要以个人的方式使用这些模板，也可以与你的伙伴或指导教师共同使用这些模板。当你感到困惑或没有把握时，你可以单次或多次使用这些模板，这将帮助你更好地了解自己所处的阶段，探明自己的变化和专业成长，或者为自己设定前行的方向。请根据自身的实际情况，从本书中自主选择和使用模板。

关于文字表述方面的说明：在本书中，我们对于"教师"的理解是每个处于幼儿教育机构中的成人，也就是说，教师不仅仅指那些有着明确头衔的人员，还指那些提供家庭照护服务的人员、助理教师、实习教师以及其他在幼儿教育机构中与儿童进行互动和交流的成人。当所有照护儿童的成人都能够有准备地与儿童互动、提供教育活动时，儿童就会从中受益。

在本书中，我们列举了一个又一个案例，在此过程中，我们会交替使用男性称谓或女性称谓来对应介绍案例中的教师和儿童。我们认识到并完全尊重这一事实，即在幼儿教育工作者中既有男教师又有女教师。当然，我们也承认，在儿童发展的过程中也存在着性别上的差异。

最后，你会注意到，我们分享的许多案例都与数学学习有关。我们会通过这些案例来深入地阐明和解释我们对于"有准备"这一概念的认识和理解。当然,大家自然也会清楚地认识到,"有准备的教育"这一理念同样适用于儿童在语言、社会情感以及其他领域的学习。

如何使用本书

本书是一个有效的指南,旨在帮助你回想自己是如何走上教育之旅的,同时明确自己在这一旅程中的位置。书中的一些章节就教师如何迎接教育之旅中的转折和挑战进行了讨论,这些讨论将引导并激励你重新思考自己的职业选择或你在职业旅程中所处的位置。

本书也是一个重要的资源,可以支持你使用一种发展框架来审视自己的专业成长。作为一名教师,你是一名成人学习者,你的教育知识和教育技能会随着时间的推移而不断更新和发展。你将学习、调整、再次记忆和熟练掌握哪些内容,都与你的学习方式有着密切的联系。当你能够清楚地意识到自己是一名成人学习者时,你就会知道自己究竟要学习和掌握哪些方面的知识。本书将帮助你认识到,哪些知识是有用且迫切需要的,哪些知识是用处不大且不那么迫切的,这些内容都将帮助你在工作中有效地集中注意力。

在本书中,我们没有围绕教师应该做什么而明确地下一个定义或列出几项要点。本书力求成为支持教育工作者自我成长的工具。你无须从头到尾阅读,事实上,你完全可以根据自己的喜好随意翻阅本书,书中的目录可以为你的阅读和选择提供帮助。你可以直接翻阅书中任何一个可能会对你有所帮助的章节,也可以按照自己感兴趣的顺序进行阅读。或者,你可能更愿意在完整阅读本书之前花些时间探索和了解书中那些你感兴趣的可复制模板。我们期望你将本书看作资源,鼓励你采用自己认为最适宜、最有效的方式使用本书。无论你是经验丰富且成熟老练的专业人士,还是刚刚获得教师资格证且正在开启职业生涯的新手教师,或是介于两者之间的教育工作者,你都会发现,我们在本书中为你提供了大量的教育参考资料、自我评估资料以及对话交流资料,拥有不同学习风格和经验水平的教育工作者都会从中受益。

你也可以将本书应用于自己与其他幼儿教育工作者的合作之中。如果你已经与其他幼儿教育工作者组成学习共同体或实践共同体，你就可以将各种可复制的模板作为个人反思的工具来使用，从而引发小组内的对话和交流，深入讨论教育和学习过程中的有效方法。如果你正在与教练或指导教师合作，那么你可以按照自己的想法充分使用本书中的模板和工具，与他们一起深入探讨彼此的教育故事，聚焦关键问题，从而改善你的教育实践。如果你是项目协调员，那么你可以使用某些模板引导大家围绕项目的理念与个人的信念和实践之间的关系等话题展开深入的讨论。

无论你如何使用本书，我们都乐于倾听你的故事、想法和评论。我们也希望了解你的经历以及你在专业成长方面的心路历程。

欢迎你加入这一新的旅程。

第一部分

开启旅程

第一章

教育是一段旅程

教师的专业成长之旅与人们的旅程十分相似,它们有如下相似之处:
- 需要规划;
- 有时会遇到困难;
- 面对新环境时需要做出判断和选择;
- 可能需要学习一门新的语言;
- 可能需要绕道,或出现意想不到的转折和转向;
- 需要地图和他人的帮助;
- 需要承担风险。

然而,你作为教师的专业成长之旅与一般的旅程之间也存在一个明显的区别,即一般的旅程都有一个目的地,而作为教师,你不会朝着一个特定的目的地前行。与一般的旅行者不同,你是一名终身旅行者,一生都要处于学习和进步的过程之中。

> 作为教师,你不会朝着一个特定的目的地前行。与一般的旅行者不同,你是一名终身旅行者,一生都要处于学习和进步的过程之中。

教师们以不同的方式开启自己的旅程,沿着不同的发展路径前行,不断地发展技能、积累经验、丰富知识,形成自己独特的教育理念。教育之旅将给你带来巨大的回报:你会与孩子们建立深厚的关系;可以清楚地看到自己每天的努力将如何为孩子们未来的成功做出实实在在的贡献；为了满足孩子们的发展需求，你也会与孩子们的家人建立友好的伙伴关系。

教育年幼的儿童是一项相当复杂的工作，你需要从多个方面进行思考。你必须了解儿童的发展规律，了解课程内容，明白哪些方法最适合儿童的学习方式，也能够有效地评估自己的工作成效。[1]在某个幼儿教育专业发展项目的一项研究中，研究人员发现了两个引人关注的现象：首先，有效的幼儿教育比大多数人以为的要复杂得多；其次，尽管教育过程十分复杂，但是很多教师也展现出了良好的学习和发展能力。[2]作为教师，你专业成长的现实之路可能比你想象的要更为艰难和复杂，但是，一旦你走上了这条道路，你就会发现自己正在走的这条路将变得更加稳妥可行，自己也会在这条专业成长之路上收获更多的满意和满足。

在本章，我们将围绕影响教师教育之旅的几个因素进行思考和讨论。首先，你将思考自己的教育之旅是如何开启的，关注并了解教师发展的若干阶段，理解自己的已有经验如何影响自己的专业成长，思考自己关于教育教学和学习的核心信念。一旦你开始尝试阐明自己的核心信念，你就会更好地反思并关注自身的专业成长以及自己工作中的各种变化，从而开启新的思考与探索。想一想，假如你遇到新的课程、更高的标准或者早期读写方面的新计划，你的教育之旅会发生哪些变化？

开启旅程

迪翁刚刚获得儿童发展助理资格证书。她非常自豪地向家人展示了自己的证书。她对自己的从教经历进行回顾，当时，她4岁的女儿参加了"开端计划"项目。项目主任玛丽亚建议她考虑成为幼儿园里的一名助理教师。迪翁不确定自己是否可以一整天都与孩子们在一起友好相处，但是她还是决定去申请。她发现自己确实很擅长与年幼的孩子在一起进行互动和工作。于是，她继续努力，终于成为一名助理教师。现在，她又开始了新的规划，希望在社区大学中获得幼儿教育领域的副学士学位。

* * *

劳伦上过大学，主修的专业是社会学。一开始，她并不知道自己的学位究竟能用来做些什么，因此在毕业后曾感到有些迷茫。最后，她在一家幼儿园找到了一份助理教师的工作。她发现这份工作很有挑战性，于是决定继续研修幼儿教育方面的学位课程。劳伦十分喜欢孩子们展现出来的热情，也十分欣赏幼儿园里其他教师在工作中所表现出来的积极与努力。

* * *

佩德罗在上大学时就清楚地知道，自己想要从事幼儿教育工作。尽管有人告诉他，这个行业的收入是相当有限的，但是，他还是选择了幼儿教育专业。毕业后，他进入了一所公立学校，还参与了一个幼儿园教育项目。佩德罗十分兴奋地开启了自己的工作，与班级中的孩子们见了面，并开始为新学年的教育工作制订相关计划。

上面这些故事表明，每一位教师的职业生涯开启之路都是不一样的，都是独特的。尽管确实有一小部分人会在年纪很小的时候就清楚地意识到自己将成为一名教师，但大多数人都是"偶然经过的游客"，他们漫步到教室里，然后决定留下来。无论你以何种方式开启教育生涯，反思自己职业生涯的初始阶段总会帮助你清楚地认识到这一工作对你来说有多么重要、你投入了多少，以及你正处于专业发展之旅中的哪个阶段。当你反思自己的职业生涯是如何开启的时，可以思考下面几个问题：

✦ 你第一次意识到自己想成为一名教师是在什么时候？
✦ 在第一年的教育工作中，你感觉如何？
✦ 在第一年（或第一个月）的教育工作中，最令你难忘的事情是什么？
✦ 在第一年（或第一个月）的教育工作中，在幼儿教育方面，你学到了什么？
+ 在第一年（或第一个月）的教育工作中，作为一名教师，你对自己有了哪些新的认识？
+ 是什么让你从事幼儿教育工作？

请填写本章末尾的可复制模板"反思教育之旅的初始阶段"，思考自己刚开始执教时是怎样的一个人，当时期望实现怎样的目标？当你开始围绕这些话题进行回想时，你可能会感知到自己在教育生涯中所经历过的种种变化，也许会感慨良多，心生感激。即使你最初的从教经历只发生在6个月前，你也将从反思前段时光中受益。

教师专业成长的阶段

当你回想自己作为教师的最初时光时，你的脑海中会浮现哪些画面？你可能会想起一个特别的孩子，或是一位非常支持你的指导教师。你可能会想起一些没有奏效的教育经验，或是孩子们面对某本书或某个科学实验时所表现出来的兴奋和喜悦。这些记忆只是你故事的开端，每一年新的从教经历都会给你带来独特的体验，包括你与孩子们、教育机构和同事之间的互动交流，以及自己持续变化着的教育实践，这些都会影响你作为教师的职业发展。

为了了解教师如何提升专业技能和明确专业身份，我们可以一起学习和研究两个模型。第一个模型是20世纪80年代由斯图尔特·德雷弗斯（Stuart Dreyfus）和休伯特·德雷弗斯（Hubert Dreyfus）开发的一个关于专业人士如何获取专业技能的五级模型。[3]在这个模型中，德雷弗斯兄弟分解了获取技能所涉及的活动，以及这些活动帮助专业人士提升专业技术和专业能力的过程。第二个模型由莉莲·卡茨（Lilian Katz）开发，重点关注的是幼儿教师在职业生涯中是如何发展的。[4]了解教师在职业生涯中所经历的不同阶段，有助于我们确定教师在每个阶段需要怎样的监督、培训和支持。

德雷弗斯模型

让我们思考并梳理一下教导幼儿所需的所有技能。作为教师，你需要知道如何创设环境、选择材料、引领班级儿童、管理过渡环节、撰写有效的教育计划，同时要知道如何持续开展好评估工作。没有人可以在刚进入幼儿教育领域时，就能全部掌握这些技能。如果把教育看作教师为了有效施教而需掌握的一系列专业技能，那么德雷弗斯模型可以帮助你将学习过程分解为各个步骤。将学习过程分解成不同的步骤对教师来说是十分有益的，因为这会帮助教师清晰地了解如何达到自己的目标。这个模型对管理者、培训者和指导教师来说也是有帮助的，因为它提供了一种新的方法，可以把处于不同阶段的教师所需的培训与教师的需求匹配起来。德雷弗斯模型概述了学习者从新手到专家要经历的五个阶段。*

- 新手：学习者需要掌握明确的规则，得到直接的指导。
- 高级新手：学习者仍然需要不断地遵循和学习规则，但是他们已经能够借助于丰富的经验来理解规则的背景。
- 胜任者：学习者已经能够熟练地掌握技能，这种熟练程度让他们知道应该在何时何地运用相关规则和程序，从而让自己达到预设的目标，完成计划，积累并形成一系列的工作方法和策略。
- 精通者：学习者能够根据以往的经验评估自己遇到的每个新情况。
- 专家：学习者能够对问题、目标、计划和行动进行识别；能够根据具体情况全面且灵活地理解规则，而不会拘泥于明确规定的规则；也能够协助他人进行学习。

这五个阶段描述了学习者一步步获得技能与自信的历程。想一想你

---

* Gloria Dall'Alba and Jörgen Sandberg, "Unveiling Professional Development: A Critical Review of Stage Models," *Review of Educational Research* 76, no. 3 (2006), 383–412. Reprinted with permission of *Review of Educational Research*. All rights reserved.

第一次以实习教师或助理教师的身份进入教室的场景，当时你可能觉得自己完全就是一个新手，很希望有人告诉自己究竟该做些什么。也许指导教师让你与某个儿童相处，或者给你一本书，让你与多个儿童一起阅读。随着参加培训次数的增多以及经验的不断积累，你能够有效地应对各种各样的儿童和领域知识。你可以根据自己之前的观察所得预测儿童的反应和回应，也会在工作计划中融入这些观察和经验，而且你很可能会成功地让孩子们十分愉快地参与你预先计划的活动。当你达到专家水平时，你就可以指导年轻教师或缺乏经验的教师。

接下来，让我们一起探讨一下幼儿教师必备的一项技能——小组教学，看看它是如何依托上述模型得以发展的。幼儿教师需要能够带领15—20个儿童一起开展有趣的活动，如歌唱、概念学习或者围绕班级中各种各样的问题展开讨论。小组活动时间不宜过长，以免孩子们失去兴趣。但是小组教学需要持续一定的时间，从而确保孩子们有充足的时间探索材料。表 1.1 展示了德雷弗斯模型如何将教师小组教学能力的发展分解为不同的步骤。

表 1.1　教师小组教学能力的发展：德雷弗斯模型

水平	教师的行为	教师如何学习技能	所需要的支持
新手	不能指导人数较多的儿童小组。	在小组活动期间帮助儿童。能与个别儿童相处。	有关如何帮助小组中儿童的指导。可以与个别儿童进行的活动。
高级新手	不能指导人数较多的儿童小组。	在小组活动期间帮助儿童。有可能帮助个别儿童在小组活动中学会倾听，会尝试使用各种技能，如坐在儿童旁边、抱着儿童以及引起儿童对某个活动的注意。	来自教师的非言语暗示，知道何时去帮助儿童。与教师讨论儿童的行为以及儿童需要怎样的帮助。

(续表)

水平	教师的行为	教师如何学习技能	所需要的支持
胜任者	能够指导小组中的一部分儿童。	指导某个预设活动中某个时长较短的环节，如共同阅读一本书或是一起唱一首歌。如果计划有变，会感到困难和不适。	与教师讨论应该阅读哪些图书或者唱哪些歌曲，以确定这些图书或歌曲可以强化课程内容。
精通者	能够指导整个儿童小组。	制订计划并指导整个儿童小组。当儿童对活动不感兴趣，或期望深入探究某个活动时，能够灵活应对，适当地对活动进行调整。	与搭班教师合作，一起探讨目标和活动。
专家	能够指导人数较多的儿童小组。能够培训和指导他人如何指导人数较多的儿童小组。	制订计划并指导人数较多的儿童小组，当活动出现变化时能够轻松地应对并对活动进行适当调整。始终高质量地开展小组教学活动。在学习过程中不断地寻找适当的方法来改善儿童的学习效果。	受到鼓励以培训他人。与他人合作，以探讨目标和计划。

卡茨模型

莉莲·卡茨仔细研究了幼儿教师在职业生涯中是如何发展的。她将教师的发展过程分为四个阶段。她不仅对每个阶段的特点进行了描述，而且对每个阶段中最能帮助教师的培训和专业发展方式进行了概述。[5]她阐述的内容与许多教师的实际成长经历非常吻合。以下是卡茨提出的四个发展阶段。

✦ 第一阶段——求生。处于这一阶段的教师可能想知道:"我能顺利度过这一天吗?我能顺利度过这一年吗?"他们感到焦虑和困惑,怀疑自己,也想了解自己的工作能力。在这个阶段,教师期望得到支持和鼓励。他们应该得到针对某些技能的现场指导。

✦ 第二阶段——巩固。教师利用第一年所学到的知识打下牢固的基础。他们不再仅局限于眼前的日常需求,会更多地关注未来的需求,能够看得更长远。他们通常主动寻求新的信息和支持,以更好地为有困难的儿童提供服务。带有丰富的信息和资源的现场培训,一直都是非常有价值的。例如,教师会发现,与言语治疗师会面讨论某个孩子的需求,对他们来说是非常有帮助的。

✦ 第三阶段——更新。教师有了几年的工作经历后,就会对重复地做同样的事情感到厌倦。他们开始围绕当前的发展趋势以及各种观念提出疑问,并通过参加各种会议、与同事会面交谈以及分享不同的观点等方式寻求新的指导类资源。

✦ 第四阶段——成熟。在积累了3—6年的教育经验之后,教师进入专业成熟阶段。在这个阶段,他们对自己的能力充满信心,会提出更加深刻的问题,例如"我的教育理念是什么?"以及"怎样才能更加有效地教育幼儿?"。在这个阶段,如果教师能够更多地参加专业会议、加入专业的学习共同体或实践共同体,以及与指导教师、管理者或一小群可以讨论这些深刻问题的同事建立密切的关系,他们就能做得更好。

在阅读了上述对于卡茨模型的描述后,你觉得自己目前正处于哪个阶段?如果实际情况发生了变化,那么教师所处的位置也会在不同的阶段之间前后移动。有时,即便是拥有多年教育经验的教师也有可能再次回到求生阶段。例如,在某次研讨会上,我们向教师们介绍了卡茨模型,并围绕这个话题请教师们说一下自己正处于哪个阶段。一位教师摇了摇头,说:"尽管我从教的时间很长,但是当我刚刚进入'开端计划'项目时,我觉得自己又回到了求生阶段。"另一位教师也觉得自己回到了求生阶段，因为她所教的孩子太活跃了，时常挑战她的权威。

反思与转变

德雷弗斯模型和卡茨模型并不完全一致，但是将它们放在一起进行比较就可以全面地了解教师成长的过程，见表1.2。

表1.2 教师发展：两个模型的比较

卡茨模型	德雷弗斯模型	差异与相似之处
求生	新手和高级新手	卡茨模型的第一阶段对应的是工作第一年的教师。德雷弗斯模型的第一和第二阶段对应的是刚刚进入教育领域的教师群体，如教师助手和助理教师。
巩固	胜任者	两个模型都对教师展现出来的那种能够胜任教育岗位但仍需要得到外部支持以进一步提高自身技能的工作状态进行了描述。
更新	精通者	卡茨模型描述了教师需要通过更多的专业发展学习或某个挑战来重新激发自己的教育兴趣。德雷弗斯模型则描述了教师因掌握了更多的专业技能而变得更加熟练的工作状态。
成熟	专家	这两个模式所描述的教师已经具有成熟型专业人士的特征，他们愿意并且能够与他人分享自己的专业知识和专业经验。

认真思考并比较这两个模型，可以帮助教师确认自己目前正处于哪个发展阶段。反思你目前所处的发展阶段，可以帮助你理解自己的感受并确定自己的需求。例如，当你在面对大量的新期望和新要求时，你会发觉自己一下子成为一个需要把一切都重新梳理清楚的初学者。这两个模型还表明，开始学习一系列新技能时，你产生这种反应是很自然的，也很正常。你可能觉得自己在某个实践领域中已经是专家或是成熟的教师，但是在另一个领域，你可能需要持续地提高自己的能力或不断地巩

固自己的知识与技能。

教师在这五个阶段或四个阶段中不断前行是一个艰巨的过程，这意味着，教师需要付出更多的努力，而不仅仅是获取更多的信息和经验。这其实也是一个反思和转变的过程。这种转变并不是从这一步到下一步的简单线性过程，它需要教师对某个领域的学习内容、对儿童的学习，以及对教师与儿童之间最适宜的互动方式进行反思。乔根·桑德伯格（Jörgen Sandberg）和格洛丽亚·达拉巴（Gloria Dall'Alba）是教师教育方面的研究者，他们描述了教师在期望不断变化的环境中是如何发展的。

+ 你对自己的教师角色和施教方式的看法会有所改变。
+ 你对儿童的学习方式的观点会有所改变。
+ 你与环境和工具（如活动室中的设施设备和物质材料）之间的互动会有所改变。
+ 你与同事、家长和管理者之间的关系会有所改变。[6]

在经历这些阶段的过程中，人们有时确实会感到紧张和有压力。然而，反思自己的成长和经历的变化也会让教育成为一个令人着迷的职业。请使用本章末尾的可复制模板"我所处的阶段"，反思自己正处在教师发展的哪个阶段以及它如何影响你的教育实践。

关于教育的核心信念

作为一名成人，你的身份是多重的。你可能是一位母亲、父亲、女儿、儿子、叔叔或阿姨。如果有人问你："你从事什么职业？"你很可能会这样回答"我从事教育工作"或"我是一名教师"。教师是你的主要身份。

明确自己关于教育的核心信念，对于你充分理解自己的教师身份至关重要。你的核心信念就是你内在的价值观，帮助你做出道德判断，制订吸引孩子们参与的课程规划以及决定你的学习领域中的内容。你的核心信念来自你的受教育经历、培训经历以及你的指导教师，也来自最为重要的一个方面，那就是你观察儿童以及你与儿童互动的经历。有时候，你的一部分核心信念来自你在孩童时期所接受的教育或者你的原生家庭中那些根深蒂固的价值观。然后，你在不断前行的教育经历中持续构建你源自童年时期的核心价值观。

儿童每天都带着完整的自我（包括他们的母语和文化、他们的整个家庭、他们所在的社区、他们的欢乐和忧虑等）来到幼儿园，这表明他们有着健康的身份发展。当你每天作为教师带着完整的自我（包括信念和价值观）进行工作时，你就在向儿童及其家人展示真实性。

> 当你每天作为教师带着完整的自我（包括信念和价值观）进行工作时，你就在向儿童及其家人展示真实性。

你的核心信念是什么？你是如何在尊重你所教的儿童和所参与项目的多元价值观的同时坚守自己的信念的？本章末尾的可复制模板"我的核心信念"可帮助你弄清楚自己的核心信念具体是什么。作为一名教师，如果你知道是什么力量在驱动着你，那么这将为你的前行之路提供一个来自内心的指南针。

你是如何发生变化的？

成为一名成熟的教师，需要有足够的时间、经验和反思。因为教师在进行教育教学的同时也在学习，这样一来，教师就会获得持续的发展和成长。如果你已经有了若干年的教育经历，那么你的核心信念将有可能随着时间的推移而发生改变。你可能已经改变了引领小组学习的方式或者已经改变了过渡环节的组织方式。当你看到一个有着特殊需求的孩子时，你可能会及时地予以支持和干预，或者当孩子们在游戏中发生冲突时，你可能会采取更加稳妥而缓慢的方式进行应对和介入。

随着时间的推移，许多因素塑造着你的教育实践、核心信念和知识结构。有些因素的影响是渐进发生的，以至于你几乎察觉不到；而有些因素的影响是突然发生的，通常来源于外部的倡议和要求或工作中的重大变化。以下是有可能引发你的信念和实践发生变化的一些因素：

+ 工作中的变化；
+ 新的经验或与你的预期相悖的经验；
+ 孩子们的反应；
+ 观察其他成人，或与其他成人共事；
+ 观察或评估；
+ 与家长的合作；
+ 关于教育教学和学习的标准；
+ 来自管理者、指导教师或教练的建议。

核心信念对你的教育方式有很大的影响。当这些核心信念面临重大挑战时，你也许才会意识到自己一直深深地持有某些核心信念。有时，你可能在完全没有意识到原因的情况下就对这样的挑战做出消极的反应。例如，教师在活动室里应如何与儿童互动就是幼儿教育领域中一个备受争议的话题。传统上，教师们已经被告知，应让儿童在活动室里自主学习，教师只需进行最低限度的参与。然而，研究表明，教师以一种不同的方式介入儿童的早期读写和数学方面的学习也是有价值的。有时，在儿童的学习过程中，一些新知识的习得也需要教师发挥支持作用。这种变化让教师们面临新的挑战，教师们需要将他们已有的教育理念与关于教师如何支持儿童展开学习的新信息有机地融合起来。[7]

德里克曾在大学修习幼儿教育学，并获得了教师资格证书。他了解儿童发展适宜性教育[8]，且坚定地支持这一理念。德里克希望自己所在的活动室的各个角落都能体现发展适宜性教育的理念。他认为，当孩子们主导自己的学习时，他们的学习效果是最好的。因此，他创设了一个富有启发性的学习环境，并借助于这一环境支持和促进孩子们的学习。

然而，在过去的几年里，德里克开始质疑自主学习。在学习了更多关于儿童如何发展读写能力和数学技能的知识后，他改变了自己的教育方式。德里克仍然会为孩子们留出大量的时间去探索环境，但是现在他意识到自己在帮助孩子们基于探索发现获得进一步发展的过程中应扮演的重要角色，例如提出问题以激励孩子们大声谈论他们在积木区中的计划。他还适当地增加了一些需要教师指导的更多的活动。在集体活动中，他用音乐介绍字母的名称和发音，还在业余时间创编了数学游戏。当孩子们玩游戏时，他会和孩子们坐在一起，并适当地提出自己的问题，比如"还要移动几步才能到达终点？"。在和孩子们学习玩游戏的过程中，德里克确保自己使用大量的数学语言。

孩子们的反应以及班级评估结果都让德里克大受鼓舞。现在，他认为，在充分考虑班级人员的构成和一年中不同时间的基础上，教师采用混合式的教育模式和引导方法来支持儿童的发展是十分重要的。

如果你已经在幼儿教育领域积累了几年的教育经验，那么你也会看到许多变化。这些变化不仅向你袭来，也发生在你的内心深处。无论你接受还是抵制这些变化，在思考新要求的过程中，你都会成为一名不同以往的教师。你原有的信念可能得到加强，可能进化，也可能被抛弃。在对自己的研究进行反思或开展新的教育实践的过程中，你会不断地拓宽自己的视野，丰富自己的知识，增强自己的核心信念。

本章末尾的可复制模板"你是如何发生变化的？"将提供一个新的机会，你可以借此模板反思自己教育工作中的近期变化。请仔细填写这个模板，想一想这些变化如何影响了你的教育之旅。

本章就教师身份进行了阐释，包括你如何开始自己的职业生涯、正处于哪个发展阶段、有怎样的核心信念以及已经发生了哪些变化。在大多数日子里，你可能会因为过于匆忙而无法进行这样的反思。事实上，许多教师通常没有充足的时间进行思考。教师们要准备课程、参与评估、参加教职工会议、与家长会面，当然还要带领孩子们开展活动并与孩子们进行互动。在一天的工作结束后，你或许只想快点回家继续处理好相关事务并承担自己的职责。然而，我们仍然建议你留出一些时间进行回顾，想一想作为一名教师你对自己有多大程度的认识和了解，并思考自己所学到的东西。即使你只是花了少量的时间思考自己的教育之旅，这也会让你产生新的见解，有助于你成为一名善于思考且有准备的教师。

注　释

[1] Susan H. Landry, Jason L. Anthony, Paul R. Swank, and Pauline Monseque-Bailey, "Effectiveness of Comprehensive Professional Development for Teachers of At-Risk Preschoolers," *Journal of Educational Psychology* 101, no. 2 (2009): 448–465.

[2] Herbert P. Ginsburg, Rochelle Goldberg Kaplan, Joanna Cannon, Maria I. Cordero, Janet G. Eisenband, Michelle Galanter, and Melissa Morgenlander, "Helping Early Childhood Educators Teach Mathematics," in *Critical Issues in Early Childhood Professional Development*, eds. Martha Zaslow and Ivelisse Martinez-Beck (Baltimore: Paul H. Brookes Publishing Company, 2006): 171–202.

[3] Jörgen Sandberg and Gloria Dall'Alba, "Returning to Practice Anew: A Life-World Perspective," *Organization Studies* 30, no. 12 (2009): 1349–1368.

[4] Lilian G. Katz, "Developmental Stages of Preschool Teachers," *Elementary School Journal* 73, no. 1 (1972): 50–54.

[5] Ibid.

[6] Sandberg and Dall'Alba, "Returning to Practice Anew."

[7] Landry et al., "Effectiveness of Comprehensive Professional Development for Teachers of At-Risk Preschoolers."

[8] "Developmentally Appropriate Practice," NAEYC, 2009.

反思教育之旅的初始阶段

如果你是一名刚入职的新手教师，请借此模板记录你当前的经历。请尽可能多地填写相关信息。在你第一年工作结束时，希望你能够重新查看自己所写的内容，并进行补充和反思。如果你是一名有经验的教师，你可以先回顾自己第一年的从教经历，然后完成此模板。

- 我第一次意识到自己想成为一名教师是在……

- 在第一年的教育工作中，我的感觉……

- 在第一年的教育工作中，最令我难忘的事情是……

- 在第一年的教育工作中，我了解到幼儿……

- 当我意识到自己是一名教师之后，我所得到的启示是……

- 在第一年的教育工作结束之后，我决定继续留在幼儿教育领域工作，是因为……

我所处的阶段

你可能觉得自己在教育实践的不同领域中处于不同的阶段。例如，尽管你觉得自己可以教其他人计划日常过渡环节（专家或成熟阶段），但是无法使用新的评估系统（新手或求生阶段）。请试着找出你在每个阶段的实践事例，并思考每个领域中可能对你有帮助的事情。

阶段	需求	阶段	需求
求生阶段（卡茨）新手或高级新手（德雷弗斯）	明确的规则 具体的信息 现场指导	巩固阶段（卡茨）胜任者（德雷弗斯）	研讨会 现场指导 实践（包括规划和制定目标）
在以下情况中，我觉得自己正处于这个阶段：	在这个阶段，这些事情可能对我有帮助：	在以下情况中，我觉得自己正处于这个阶段：	在这个阶段，这些事情可能对我有帮助：

阶段	需求	阶段	需求
更新阶段（卡茨）精通者（德雷弗斯）	丰富的实践经验 参加会议 围绕当前的问题与需求开展研究	成熟阶段（卡茨）专家（德雷弗斯）	指导他人 发挥引领作用 深度研讨
在以下情况中，我觉得自己正处于这个阶段：	在这个阶段，这些事情可能对我有帮助：	在以下情况中，我觉得自己正处于这个阶段：	在这个阶段，这些事情可能对我有帮助：

我的核心信念

- 我相信幼儿通过如下方式进行学习：

- 教师最重要的工作之一就是：

- 幼儿教育课程应该是这样的：

- 我开展评估工作的原因是：

- 制订计划有助于我：

- 与家长合作的一个关键点是：

- 作为一名教师，我在继续成长的过程中需要：

- 在与儿童的互动中，我的目的是：

你是如何发生变化的？

- 想一想，在过去的五年中，你的教育教学发生了哪些变化，请具体描述其中一个变化。

- 你为什么会发生这样的变化？

- 外部需求、某项研究或你参加的某个工作坊是如何促使你做出改变的？

- 这种变化对你的教育生涯产生了怎样的影响？

第二章

走向有准备的教育

孩子们放学离园后,教师梅打扫着整间活动室。此时,她回想起班级中那一大群刚刚离开活动室的孩子们。今天,孩子们显得有些焦躁不安,于是她带着孩子们进行了将音乐和动作相结合的律动活动,而没有按照原先的计划开展关于植物如何生长的课程。这种焦躁的情绪持续了一整天。孩子们在班级里闲逛,在自由游戏时间还发生了争执,其实,孩子们在那个时段通常都专注于自己所选择的活动。这可真不是轻松的一天呀,梅感到有点沮丧。当天晚上,梅参加了一个研讨活动,在活动中主持人多次使用了"有准备"这个词语。关于这个概念,梅希望有更多的了解。她想知道:"成为一名有准备的教师,究竟意味着什么?我怎样才能成为一名有准备的教师?"

和梅一样,你以前或许也曾听到过"有准备"这一词语。但是,这一概念对于班级之中的你究竟意味着什么,你可能并不十分清楚。如果你是一名有准备的教师,那么你会对孩子们做些什么或说些什么呢?这些言行与你现在的言行有什么不同吗?

你是一名有准备的教师吗?

安·S.爱泼斯坦(Ann S. Epstein)在《教师主导还是儿童主导?:

为幼儿学习选择适宜策略》（*The Intentional Teacher: Choosing the Best Strategies for Young Children's Learning*）一书中将"有准备"一词定义为"行动有目的，脑中有目标，并且有实现目标的计划"[1]。你要认真思考课程的内容是什么、如何教才能吸引孩子们，以及如何判断自己是否已经达到了目标。例如，如果你想在教育教学中引入更多的早期数学内容，那么你就要围绕课程中的重要概念进行深入思考，比如材料的分类。你也要思考自己在教这些概念时要使用的数学语言、你希望儿童掌握的新技能以及如何评估儿童的进步。在梅的故事中，当她计划为孩子们提供与植物相关的学习内容时，她是有准备的；当孩子们焦躁不安时，她改变了计划，这也充分展现了她是有准备的。梅能够根据孩子们的需求对原先的计划进行灵活调整，这种在目标和计划之间灵活变动并且根据孩子们的需求做出调整的能力需要教师具备较高的观察、反思、实践、扩展知识和持续评估的能力。换句话说，成为一名有准备的教师意味着，你是不断成长的教师，你所遇到的各种挫折和弯路都是你的学习过程。

> 成为一名有准备的教师意味着，你是不断成长的教师，你所遇到的各种挫折和弯路都是你的学习过程。

然而，识别有准备的教育中的要素是一个非常复杂的任务，教师们往往不确定自己是否正处于有准备的状态。一个忙中有序的班级并不一定就是有准备的教育环境。罗伯特·皮安塔（Robert Pianta）曾对教师与儿童的互动进行深入的研究。他发现，即使整个班级正处于组织良好且忙碌的状态中，教师的有准备程度也可能较低。他对教师与儿童之间的互动进行了观察，发现在某些情况下，教师并没有采用计划的方式来挑战、支持和扩展儿童的技能。[2]如果教师没有开展有意识、有目的的互动，儿童就会错过深化学习的良好机会。以下是有准备的教育所具有的一些特征，有助于你在工作中发现它。

✦ 你拥有渊博的知识。你了解儿童的发展，知道早期学习标准、个别的学习领域以及行之有效的指导方法。

+ 你已经与每个儿童都建立了良好的关系。你非常重视自己与班级里所有儿童都建立良好的关系。
+ 你不断地适应新的挑战。你能够根据儿童（包括有特殊需求的儿童）的不同学习需求、新的标准以及新同事的需求调整自己的教育教学。
+ 你从目标出发制订计划。你根据自己的知识和儿童的需求确定目标，并通过计划活动和课程来实现这些目标。
+ 你评估儿童并将评估结果运用于制订计划。你通过持续地评估儿童来确定目标。
+ 你反思自己的教育教学。你会花时间评估自己的课程、儿童的反应并思考如何改进；定期反思自己的评估，从而确定自己是否达到了预期的目标。
+ 你不会放弃。你利用自己的问题解决能力面对各种挑战。这些挑战可能是孩子们带来的挑战，也可能是你所面对的新的学习领域。
+ 你把自己看作终身学习者。你知道自己总在学习，也为他人提供成为学习者的机会。

表 2.1 为你提供了一些与有准备的教育相关的例子，你可以在实践中展现或发展。阅读完这些特征和例子后，你可能决定在某些方面有准备、有规划，而在其他方面不这样，这些都是十分正常的。每名教师都处在不断成长和变化的过程中，也对自己的教育工作越来越关注。

表 2.1 与有准备的教育相关的例子

有准备的教育的组成部分	类型	活动室中的例子
计划和准备	课程	你花时间规划主题。
	研究和项目	你提前准备材料。
	主题	你将数学和读写等内容融入课程中。
	活动	你制订计划让家长主动参与孩子的学习。
	环境	你创设的环境能够强化孩子们的学习。

（续表）

有准备的教育的组成部分	类型	活动室中的例子
观察	观察孩子 观察家长 观察同事	你留出时间观察孩子并进行评估。 你在一天中留出时间与家长沟通他们孩子的情况。 你了解同事们的反应并与他们一起计划和评估。
目标	基于评估结果 基于对孩子的了解 基于孩子的发展情况	你为每个孩子设定目标。 你为班级设定目标。 你为自己的专业成长设定目标。 你让家长参与目标的设定，并帮助他们了解孩子的发展情况。
评估	真实性 持续性 全面性 适龄性	你记录每个孩子的成长。 你学习如何收集数据。 你学习如何解读数据。 你利用数据设定目标。 你对数据进行反思。 你与家长分享评估结果。 你对评估的实际运用适合你所在机构中孩子们的年龄。
指导方式与方法	大组学习 小组学习 自选活动 户外活动 个性化指导 常规与过渡环节	你采用多种方式吸引孩子们参与学习。 你会平衡成人主导的学习活动和儿童主导的学习活动。 你将数学和读写等学习内容融入课程中。 你对孩子们在各种活动中的兴趣与参与度进行分析和评估，并能根据需要进行调整。 你对孩子们的参与情况进行反思。 你主动寻求各种培训机会。

（续表）

有准备的教育的组成部分	类型	活动室中的例子
知识	儿童发展 特殊需求 研究 特定的领域知识 教育方法 文化能力 发展适宜性实践	你对于儿童的发展有广泛的了解。 你了解孩子的特殊需求，也知道如何根据孩子的需求调整教育方法。 你知道如何吸引孩子们参与早期数学和读写方面的学习。 你认为自己是一个终身学习者，而且不断地从自身经历和培训中获得学习。 你关注并寻找关于儿童及其学习方式的最新研究。 你了解孩子们的家庭、文化和所在社区，从而更加深入地理解他们。

请你认真填写本章末尾的可复制模板"教师的有准备程度量表"，探索你在教育教学中的有准备程度。你在该模板上的回答可以帮助你设定目标，让自己的教育教学更有准备。

学习的过程

接下来的段落将描述学习的六个过程：关系、参与、方向、反思、掌控和评估（见图2.1）。对于这六个学习过程，你可能已经熟悉或者每天都在运用它们。通过把这些学习过程融入你与孩子们的日常课程中，你就可以有效地帮助孩子们记住自己学到的知识。如果你能够密切地关注这些学习过程，你就会成为一名有觉知、有准备的教师。

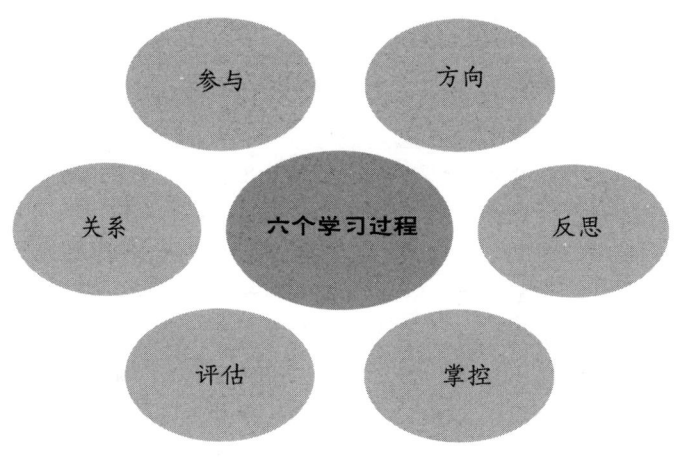

图 2.1　六个学习过程

这六个学习过程贯穿本书。无论你在教育过程中承担哪种任务，你都会实践或经历其中一个或多个学习过程。

关系

每个教育活动的核心都是儿童与教师之间的关系。对幼儿教育工作者来说，这种关系尤其重要。儿童非常在乎他们的教师，且可以很快地判断出谁在关心他们。在充满信任和安全感的关系中，儿童能够展现出最佳的学习状态。对儿童来说，那些教师认为微不足道的行为，如记住他们的名字、拥抱、分享欢乐、认真倾听冗长且难懂的故事，恰恰就是与他们建立良好关系的基础。而这种关系反过来又可以成为儿童敢于冒险、勇于提问和善于学习的基础。

> 儿童非常在乎他们的教师，且可以很快地判断出谁在关心他们。在充满信任和安全感的关系中，儿童能够展现出最佳的学习状态。

幼儿园和家庭构成幼儿世界的中心。因此，你与家长的关系也会对教育教学和学习之间的联系产生影响。你可以通过定期沟通、会议、让孩子们把一些活动带到家中以及举办"家庭之夜"等方式与家长建立密切的联系，从而帮助孩子们在家中巩固所学内容。当孩子们的家庭成员成为你的合作伙伴时，孩子们就会感受到有力的支持和鼓励。

最后，你与机构中其他成人的关系也会影响孩子们，还会影响你自己的学习。成人之间的互动状态会为班级氛围定下基调。

参与

参与指的是人们对于学习活动的参与。教师和儿童都需要参与学习活动。作为教师，你必须关心学科领域和你所面对的儿童。你需要对教什么和如何教始终充满好奇。你也必须致力于不断地跟进和改进。

当儿童表现得兴奋、主动投入活动、提出问题并享受其中时，他们就是在积极地参与。那些包含有吸引力的策略和对儿童而言有意义的互动的课程，将吸引儿童的注意。作为教师，你需要确保儿童在学习的过程中有大量的动手动脑和感受乐趣的机会。通过评论、建议和引导，你可以对孩子们在学习活动中的积极参与进行强化。

方向

作为一名教师，你必须知道你要去哪里，知道自己的方向。你需要根据自己对儿童发展的认识、对特定领域知识的了解、对早期学习标准的理解以及对班级中儿童的观察记录等方面的信息来设定相应的目标。如果你发现自己设定的目标过高或过低，那么你可以对目标进行调整。请记住，即使你面对的那些年龄较小的孩子，他们也完全能够在你帮助他们理解学习目标的过程中受益。尽管你分享学习目标的方式可能与那些教年龄较大儿童的教师所采取的方式有所不同，但是这种分享所发挥的作用是完全相同的，即教师支持孩子们了解自己要达到怎样的目标以及如何才能达到这一目标。这一方式能够帮助孩子们更好地集中注意力、促进他们思考。例如，你可以在阅读一本书之前带领孩子们进行一次"图片漫步"，以此帮助他们预测故事的情节。或者，你可以和孩子们一起头脑风暴，列出大家在即将到来的班级实地考察中可能会看到的各种事物，并在实地考察结束后重新审视这份清单。有些课程也建议孩子们先在班级中计划自己的活动，然后围绕活动的进展情况进行深入探讨。

反思

反思或许是教育教学和学习过程中最重要的一个环节。反思将帮助你评估自己设定的目标、策略、儿童的成长以及你自己的成长。在活动开展期间，我们很难获得充足的时间进行反思，但是在活动结束之后，你需要留出专门的时间进行反思。你要思考自己的所作所为、儿童的回应以及策略的实施情况，这将支持你继续前进，专注于你的目标。能有效发挥支持作用的教师，就是善于反思的教师。

掌控

作为教师，各种课程、培训和标准会一遍又一遍地告知你应该教什么。管理者、教练和指导教师会观察你的行为并给你提供反馈。但是最终，在学什么和如何教方面，你需要自己掌控。

这意味着，你承担着继续学习和成长的责任，需要将自己所学到的内容应用到自己与儿童及其家长的日常互动中。例如，当你开始学习一门新的课程时，你可能担心自己不能完全正确地教授这门课程，也可能反复检查自己的教育计划以确保这一计划包含了课程的所有组成部分。随着课程经验的增加，你可以根据自己的教育理念和舒适度以及孩子们的反应灵活地调整时间表、活动和环境，从而超越外部对你的要求，让课程成为你的课程。当你持续地学习并掌握了所学内容时，你必然会对教育教学充满热情。

评估

持续地评估是持续地改进的基础。作为教师，你需要评估孩子们的进步，既包括短期的进步，也包括长期的进步。你需要评估自己的教育效果，并尽可能地探寻新的改进方法。随着专业技能的提高，你将思考如何与同事分享知识、如何展示班级活动以及如何与主任或园长进行互动等。

变化与有准备的教育有何关系?

变化会增强你的目标意识。变化的动力可能来自内部,也可能来自外部。

内部动力

有时,你对自己的教育或想法和价值观进行深入反思后,就会变得更有目的性。这种变化开始于你的内心,它的发生是因为内部动力。例如,当你刚开始执教时,你的脑海中很可能会浮现出一个理想的教师形象。这个形象可能来源于你认识的某个人,可能是你求学生涯中的某位教师,也可能是与你合作过的教师,他们反映了你的价值观。随着教育经验的增加,你会不断地调整自己对于优秀教师的理解。同时,理想会持续地激励着你。当你向着更加清晰的理想不断前行时,你就会变得更有准备。

另一个内部动力是你愿意努力为班级里的孩子们提供最佳的教育体验。随着你越来越多地了解儿童的学习,你就会不断地改变自己的工作方式。你希望孩子们在你的教育中获得尽可能多的学习内容,所以你密切地关注那些有研究支持的有效策略,并在教育教学的过程中应用它们。这些变化同样来自你的内心,来自你对自身经历的反思,以及你不断增长的知识和见识。

外部动力

与此同时,外部力量也会对你提出挑战。你可以列出需要在教育教学中做出的调整,因为学校董事会、幼儿园园长、资格证的颁发部门、培训师和各个地方的标准都在持续地变化。以下只是一些你可能不得不应对的变化:

+ 不同的课程;
+ 项目领导的调整;

- 对工作职责要求的调整；
- 不同的工作场所；
- 增加的责任；
- 新的或修订后的标准；
- 早期读写和数学方面新的指导策略；
- 新的评估要求；
- 修订后的认证标准或质量评级标准；
- 儿童发展方面不断开展的研究。

> 尽管教师需要面对各种外部压力，但是教师也完全可以把这些压力转化为成长的动力。

一般来说，这些变化不会同时发生。当然，你也应做好同时应对多个变化的准备。一位教师告诉我们，教师们总是在等待下一场"龙卷风"的到来。换句话说，来自园长或主任的许多新要求会在很短的时间里强加给教师，紧跟其后的就是更多的培训和审查。这些"龙卷风"很可能会带来更多的压力和混乱。一开始，一些教师可能对这种变化感到不满。然而，如果教师不再抱怨，而是致力于学习新的信息或新的技能，他们就会在教育教学中发现新的兴趣点。尽管教师需要面对各种外部压力，但是教师也完全可以把这些压力转化为成长的动力。

卡门刚刚参加完一个教师会议。在会议上，她的主任概述了今年的一个新项目。卡门所在的幼儿园将在今年首次申请专业认证。在这个过程中，幼儿园将采用新的课程和评估体系。卡门已经在这家幼儿园工作了七年，她十分喜欢自己与团队成员共同开发的活动。现在，她产生了一些新的问题与困惑，比如必须放弃那些心爱的活动吗？卡门将在一周后进入一个新的班级，那么，她该如何面对和完成这些新任务呢？卡门知道自己会参加更多的相应培训，但即便如此，她仍然觉得很有压力。卡门不想向幼儿园里的任何人透露自己此时的想法和困惑，但她暗自期望这些大家都会遇到的变化会随着时间的推移而逐渐消失。

卡门的经历并不罕见。在过去的十年里，随着公众越来越多地意识到幼儿教育的重要性，幼儿教育正面临着更多的关注、期待和要求。在幼儿教育机构申请认证和质量评级的过程中，教师被要求提高自身的教育能力，与此同时，人们对于评估和问责的期望也在持续提高。新的项目和机遇为教师、家长和儿童提供了前所未有的新资源。但是，教师要将这些变化融入教育实践中却并不那么容易。不断变化的外部动力往往要求教师在继续做好原有工作的同时，额外地做更多的事情。让我们想一想教师经常面临的两个挑战，即早期学习标准和评估，思考教师如何应对它们才能提高自身的专业技能。

早期学习标准

标准是对儿童应该知道什么和应该做什么的书面描述，也是教师制订计划、开展教育教学和进行评估的指南。美国的大部分州已经为幼儿园至 12 年级的儿童制订了书面的标准。许多州在儿童的数学和读写方面采用了"州共同核心课程标准"（Common Core State Standards）。美国的许多州和加拿大的许多省份还采用了早期学习标准（或框架）作为幼儿教育工作者的指南。

幼儿教师通常需要学习多套标准。从广义上说，"标准"或"框架"所指的不仅仅是针对儿童的州级和省级的早期学习标准。如果我们将标准理解为人们对儿童、教师或项目的明确期望，那么很明显，幼儿教师在提高自己的教育水平的过程中需要同时应对多套标准。表 2.2 为我们列出了一些标准之间的具体差异。

表 2.2　不同标准之间的差异

标准类型	描述
早期学习标准	各个州和各个省的早期学习标准或框架 "开端计划"早期学习成果框架（Head Start Early Learning Outcomes Framework） 州共同核心课程标准 内容标准

(续表)

标准类型	描述
教师专业发展标准	各个州的教师资质标准 发展适宜性实践 全美幼教协会的《教师职业规范》(Code of Ethical Conduct)
项目标准	质量评级标准 认证 "开端计划"项目执行标准(Head Start Program Performance Standards) 许可证

面对大量各种各样必须达到的标准，你或许会感到不知所措，觉得无法立刻达到所有标准。然而，当你将这些标准视作对自己工作的指导（尽量不要将它们视为一种强加的要求）时，它们就可以在以下几方面提高你的专业能力。

标准能够帮助你为课程奠定基础。如果你熟知我们期望儿童在特定的年龄阶段需要且能够掌握什么，你的心中就会形成一个框架，你将根据所教儿童的兴趣和问题进行回应。在你基于儿童通过研究、游戏、对话或其他学习经历所进行的探索为儿童提供支架时，你就可以将有关后续步骤的知识用于促进儿童的发展。

标准能够帮助你建构评估工作。你如果熟悉标准，就可以设计一些可以快速操作的小型评估工具来了解儿童的进步情况，还可以从更宽泛的视角观察儿童的成长情况，例如儿童的社会情感发展。当你能够用这种方式评估儿童的发展时，你就会发现，标准确实能帮助你在真实的环境中观察儿童，而不仅仅是通过测试来评估他们。

标准能够帮助你观察儿童及其反应。你可以看到孩子们在一天中的各个时间段（如常规活动、自由游戏时间、大组活动时间、小组活动时间以及进餐时间）是如何达到相应标准的。虽然你有时可能也会进行更正式的观察，但是标准有助于你以不同的方式了解儿童的进步情况。

标准能够帮助你评估自己的教育效果。通过将标准转化为衡量的尺度，你可以看到自己实施的策略对班级中的儿童产生了怎样的影响，并思考如何进一步支架儿童的学习或提供支持以促进他们的学习。

> **如何使用标准？**
>
> 请你认真思考下列关于项目标准的问题。仔细思考这些问题，将帮助你有意识地使用标准。
> - ☐ 你所在的教育机构使用了哪些标准？
> - ☐ 哪些标准对你来说最为重要？
> - ☐ 你如何按照优先顺序对标准进行排序？
> - ☐ 在达到标准的过程中，你觉得什么是最困难的？
> - ☐ 你如何向家长解释标准？

标准的数量有时令人望而生畏。你可能已经为儿童制定了各个发展领域的学习目标，也觉得很难在一年内达到所有的目标。请反思一下你一天的工作，思考如何通过与儿童相处的时间达到标准。你可能会意识到，通过与儿童互动、规划活动以及安排好日常活动，你就在逐渐达到标准。在班级中实施标准，将改善你的教育效果。

评估

项目和提供资助的机构要求对儿童及其学习进行越来越多的评估。尽管你可能抱怨要完成这些评估需要大量的文案工作和观察，但是它们也有助于你的教育工作。

在实际工作中，幼儿教育工作者需要进行各式各样的评估，如填写简短的发展检核表、对儿童进行观察以及收集儿童作品样本。采用多种方法发现儿童多样化的学习方式是评估的关键。我们应当采用真实性评估方法，即在自然的环境中评估儿童，而不是在人为设置的情境（比如考试）中进行评估。真实性评估意味着，你在儿童玩耍或参加大组活动和小组活动时观察他们。评估儿童是较为困难的一件事情，因为他们经常分心或不配合。因此，多次评估将有助于教师更准确地发现儿童的能力。多次评估意味着，你将不止一次地记录儿童的学习情况。

> 评估可以成为教师的宝贵工具。你可以借助于评估结果制订计划，了解每个儿童的进步情况，并对自己的教育效果做出适当的判断。

当你还是一个孩童的时候，你可能会在每个单元、每个季度和每个学期结束后都参加考试。你可能还记得，当考试的日期日益临近时自己的焦虑情绪。这些考试的结果通常会被计入你在班级中的成绩。由于有这样的经历，你可能不太愿意参与评估工作，只是在项目提出相关要求的情况下才勉强完成它们。然而，评估可以成为教师的宝贵工具。你可以借助于评估结果制订计划，了解每个儿童的进步情况，并对自己的教育效果做出适当的判断。《幼儿评估的原则与建议》（Principles and Recommendations for Early Childhood Assessments）一书的作者提出，评估具有以下四个主要用途[3]：

+ 支持儿童的学习；
+ 识别儿童的特殊需求；
+ 开展项目评估工作和监测发展趋势；
+ 明确高风险的问责。

在上述四个用途中，幼儿教师主要使用评估作为支持儿童学习的一种方式。（此外，教育机构通常要求教师完成相关的项目评估工作并向资助者提交评估报告。）客观、可靠的观察和评估可以帮助教师决定个人和集体的课程目标，并确定如何教不同的学习领域以及如何应对每个儿童[4]。

教师可以通过实施、分析和计划等方式了解评估。然而，教师在学习的过程中面临着诸多挑战。当教师对评估的计划和实施有了更多的了解之后，他们也经常会产生疑问。以下是教师们分享的一些问题。

+ 教师有时要等到下一年的年初才能收到评估结果，这样一来，他们就无法及时看到儿童在评估中的具体表现，因此错失宝贵的回应时机。

+ 教师可能没有足够的计算机技能（或技术）完成目前许多学校和幼儿教育机构广泛使用的在线评估。教师如果觉得自己难以完成评估，就可能不那么关注细节或者文档记录。
+ 教师可能无法理解借助于评估结果制订计划的过程。基于儿童在评估中的表现确定目标和设计策略有时确实有些复杂，教师可能没有接受过此类培训或者难以得到相应的协助。
+ 评估可能不会给教师提供关于儿童表现的具体信息以帮助他们设定可实现的目标。概括性的、模糊的评估可能更容易完成，但教师难以据此制订计划。

尽管面临着这些挑战，有益的评估仍然是一个重要的工具。你可以使用评估改进自己的教育教学，支持所有儿童实现自己的目标。如果你将这些挑战视为积累经验过程中的组成部分，你就可以寻求支持。或许，其他教师也可能遇到过类似的情况并找到了较好的解决办法。管理者可能会安排更多的培训或在员工会议上让大家围绕评估问题展开交流。如果你觉得自己的计算机技能（或技术）不足因此不能完成评估，那么你可以向主任或管理者寻求更多的帮助。

为了探明你对于评估的理解在教育生涯中是如何发生变化的以及未来你将如何利用评估支持自己的教育工作，请你填写本章末尾的可复制模板"变化中的评估"。

朝着有准备的方向发展，或者说，学习有目的地施教，将让教育机构中的每个人受益。更多地实施有准备的教育，不仅有助于孩子们学习更多的知识，而且能给你带来更多作为教师的满足感。幼儿教育领域中持续不断的变化可能让人感到受挫，但是它们也会为你提高专业能力和发展职业身份提供机会。

注　释

[1] Ann S. Epstein, *The Intentional Teacher: Choosing the Best Strategies for the Young Children's Learning* (Washington, DC: NAEYC, 2014): 5.

[2] Robert C. Pianta, "Standardized Observation and Professional Development: A Focus on Individualized Implementation and Practice," in *Critical Issues in Early Childhood Professional Development*, eds. Martha Zaslow and Ivelisse Martinez-Beck (Baltimore: Paul H. Brookes Publishing Company, 2006): 231−254.

[3] National Education Goals Panel, *Principles and Recommendations for Early Childhood Assessments* (Washington, DC: U.S. Government Printing Office, 1998).

[4] "Screening and Assessment of Young English-Language Learners," NAEYC, 2005.

教师的有准备程度量表

针对每个问题，请选择最能反映你的教师工作的答案。

计划与准备方面	总是	经常	有时	从不
1. 我提前计划和准备课程内容。				
2. 我计划与儿童的兴趣和社区相关的活动。				
3. 我协调儿童在班级里的活动和在家庭里的活动。				

观察方面	总是	经常	有时	从不
4. 我观察个别儿童，也观察儿童小组，从而收集有关教育策略有效性的信息。				
5. 我观察儿童以发现他们的兴趣和优势。				
6. 我将观察儿童作为评估工作的一部分。				

制定目标方面	总是	经常	有时	从不
7. 我借助于数据设定目标并计划教育策略。				
8. 我为自己设定目标，以提高教育能力。				

评估方面	总是	经常	有时	从不
9. 我记录每个儿童的成长，将此作为评估的一部分。				
10. 我解读每个儿童的数据和儿童集体的数据。				
11. 我与家长分享评估数据。				

（续表）

指导形式和相关知识方面	总是	经常	有时	从不
12. 我利用大组活动、小组活动、自选活动和户外活动等时间帮助儿童发展五大领域，即学习品质、社会情感、身体、语言和认知。				
13. 我了解具体的领域知识，如读写、数学和科学。				
14. 我把这些领域知识融入日常活动中。				
15. 我曾学习过儿童发展方面的知识，也将继续从儿童个体中获得学习。				
16. 我寻求可以帮助我有效施教的研究。				
17. 我寻求有关特殊需求及其如何影响儿童的研究。				

请你仔细地看一看自己所选的答案。在哪些问题上，你的回答是"总是"或"经常"？这些很可能是你感到非常舒适的领域。在哪些问题上，你的回答是"有时"或"从不"？这些很可能是你想要解决的问题。

- 根据你的回答，请设定两个目标来帮助自己变得更有准备。

变化中的评估

请回想一下,你第一次执教时是如何进行评估的?这些年来,你的做法有何变化?

- 当时,我是这样评估的:

- 现在,我是这样评估的:

- 想一想,你的评估工作有哪些变化、你学到了什么,以及接下来要怎么做:

第二部分

变化带来有准备的教育

第三章

变化是分阶段发生的

当多米尼克回忆起第一次听说自己所在的幼儿教育机构即将进行一项新的早期数学合作项目时自己所持的怀疑态度，他不禁笑了起来。他说："当时，我认为自己已经对儿童的数学学习有了足够的了解，不打算在自己的生活中增添更多的文案工作。在我的班级里，一切看起来都很好，小组里的儿童能够很投入地学习，我会把一些新的数学知识教给他们，但是没有总是从儿童的角度考虑问题。我觉得，自己有时候高估了儿童学到的东西，有时候又低估了他们的能力。一开始，我担心这个项目可能让孩子们做一些不适合他们年龄的事情。"

"尽管如此，"多米尼克继续说，"我还是十分喜欢学习新的教育方法，因此，当听到儿童数学学习演讲者分享他们与孩子们的互动方式后，我非常兴奋地想尝试一下他们提出的策略。我与教练合作，以新的方式尝试开展了不同的数学学习活动，也看到了孩子们有多么喜欢这些活动。评估结果表明，孩子们的计数能力有了很大的进步。

"所有这些都对我如何理解数学以及如何教孩子们产生了巨大的影响。去年，我们增加了新的常规活动，即使用估算罐和数轴，孩子们非常喜欢！我看到孩子们在做其他事情时也会使用这些材料，比如在游戏中，有时他们会用数轴来确认一个数字或讨论谁的数量更多。今年，我在网站上向其他教师展示了估算罐，他们也在自己的班级中以新的方式使用估算罐。"

在上一章,我们讨论了一些变化,这些变化需要你停下来思考自己的教育实践。变化可以成为一种催化剂,让你的教育实践更有目的性。

变化促进成长

虽然你可能期望自己的教育生涯一帆风顺,但是所有教师都会在职业生涯中遇到颠簸、起伏和曲折。这些颠簸、起伏和曲折促使你重新思考自己的教育实践和教育理念。它们会带来新的观点、信息以及尝试新工具或磨炼旧工具的机会。因此,你可能会发现自己正在朝着新的或不同的方向前进。反之,方向的改变也会激励你自我反省,发展新的策略和洞察力。

> 这些颠簸、起伏和曲折促使你重新思考自己的教育实践和教育理念。

回顾自己的教育生涯,你会发现自己在整个职业生涯中的成长。但是,你作为教师的成长并不是可预测的、一步一步累加式发展的。相反,你经历着由变化引发的一系列成长周期。这些成长周期让你有机会反复地探索和反思自己的教育实践,让自己更有准备。

在第一章,我们对可能引发变化周期的各种经验进行了探讨。接受新的职位或进入新的工作环境可能会带来一段高强度的成长时光。那些来自儿童个体或儿童群体的新挑战可能会促使你重新思考自己的教育方法或班级管理方法,新的评估信息或标准的变化也可能让你思考自己的教育实践如何影响儿童的学习。所有这些变化都可能促进你的专业成长,但是本书的重点在于你的专业发展如何促使你改变教育方法。

促进教师专业成长的项目通常要求你学习新的背景知识并且采用基于证据的教育方法。这可能意味着将新信息或新策略融入现有的策略中,也可能意味着广泛地调整教育实践。无论怎样,你都会发现自己将从一个新的角度看待自己的工作。

专业发展会激励你重新思考自己的教育策略和日常工作。你可能会这样问自己:"这样做对不对?""我需要调整或改变方法吗?""如果我这样做,会发生什么?"

此类情况也适用于教师培训者。有时候,当教师质疑我们基于他们的经历提出的建议时,我们不得不对自己所采用的促进他们专业发展的方法进行思考。

下面是一个有关重新思考教育实践的例子,它来自我们与教师们关于早期数学的讨论。为了更好地支持孩子们学习计数,我们建议教师们使用自制的棋盘游戏作为学习工具,期望通过这一方式帮助孩子们理解数字。在开始阶段,我们告诉教师们,不要预先设定任何游戏规则,这样孩子们就可以自己制定规则并开始学习。这一建议对那些习惯于把游戏规则直接教给儿童的教师来说是一个新的想法,但是他们都十分愿意试一试。

很快,教师们就向我们反馈了实际情况,班级中许多没有接触过棋盘游戏的儿童不知道如何开始游戏。于是,我们不得不重新考虑自己的方法。这一次,我们没有要求孩子们制定规则,而是建议教师们演示棋盘游戏的玩法。这一新的建议促使教师们改变了自己原有的教育方法。通过演示,教师们向孩子们传达了"这是玩这个游戏的一种方式"这一信息,但是没有暗示游戏有严格的规则。通过这种方法,游戏在许多班级中盛行,孩子们拥有大量的机会学习有关数字的知识。

在这个案例中,我们和教师们原先都以为某种方法的效果应该是最好的,但是在遇到障碍后,我们发现另一种方法的效果其实更好,而且仍然符合我们的基本信念,即孩子们应该建构自己对数字的理解。

成长周期的三个阶段:学习、实践、分享和示范

当你试图将新的信息和实践融入教育时,你将经历成长周期的三个阶段。以园艺为例,我们将更好地理解教师成长中这一共同的经历。有经验的园丁都知道,在种植多年生植物的过程中,你如果想要更多的果

实,就需要有足够的耐心。他们通常鼓励新手园丁至少等待三年,然后才能见识到植物真正的美丽。一个常用的园艺谚语说:"它们在第一年睡觉,在第二年蔓延,在第三年猛长。"多年生植物似乎在第一年睡觉,因为它们正在花园里扎根;在第二年蔓延,因为它们开始长出叶子和花朵;在第三年猛长,其数量和个头甚至远远地超过人们的预期,它们重新播种或扩散种子,为花园创造出新的植物。

在经历着教育实践变化的幼儿教师中,我们观察到类似的三个阶段。随着时间的推移,教师从学习新的内容过渡到在班级中应用新的内容,然后与他人分享新的内容。这三个阶段分别是:

+ 教师的学习;
+ 教师的实践;
+ 教师的分享和示范。

教师的学习

在接下来的故事中,你将看到玛丽安是如何学习有关儿童数学学习的新知识的,还将看到她如何在班级中对这些知识的含义进行探索。

玛丽安是一名经验丰富的"开端计划"教师,她刚刚开启新学年的工作。她所在的教育机构正在参与两个新的项目,其中一个项目关注的是早期数学学习。目前,玛丽安是这一项目的第一年参与者。玛丽安对于学习新知识和新策略总是抱有浓厚的兴趣,并期待借此机会提升自己的数学教育技能。

然而,当她尝试新的教育策略时,她觉得自己好像一下子回到了起点,这些策略并不总能如她预期的那样奏效。例如,在参加过一次关于如何利用棋盘游戏培养数感的培训之后,她在班级中引入了棋盘游戏。这个棋盘游戏的游戏板十分简单,上面只有10格路径,分别标有数字1—10。玛丽安拿出一个骰子,把它和游戏板一起放在桌子上,然后坐在一旁进行观察。她看到有几个孩子过来玩了一会儿,然后就离开了。

在观察几个女孩一起玩这个游戏之后，玛丽安忽然意识到，她所提供的骰子是一个标准的骰子，上面标有1—6个小点，这往往会让游戏结束得很快。在游戏刚开始时，孩子们通常很有热情，但是他们只是把骰子扔来扔去，然后把用来计数的物品移动一下就离开了。起初，玛丽安想知道孩子们是否厌倦了这个游戏，但是在与教练讨论之后，她发觉导致孩子们对这个游戏不感兴趣的原因很可能是孩子们还不能熟练地使用标有1—6个小点的骰子。于是，玛丽安开始自己制造骰子，这种骰子上的每面只有一个小点或两个小点。她和孩子们一起玩这个调整后的游戏，为孩子们演示说出每个空格上的数字。此外，她还为那些能够轻松地数出标准骰子上1—6个小点的孩子设计了更加复杂的游戏，这种游戏板上有20个空格。

在成长周期的第一阶段，教师花费较多的时间对儿童发展和学习的新理念进行学习。在了解早期读写教育的过程中，教师努力理解语音意识等概念，例如幼儿如何理解押韵；在了解早期数学教育的过程中，像玛丽安这样的教师会深入研究儿童的计数策略。就像花园里那些新种植的多年生植物一样，教师们正在新的知识土壤中扎根生长，并努力在班级的教育活动中探索其内涵。

教师的实践

在玛丽安故事的第二阶段，你将看到玛丽安如何将新知识付诸实践，你也会看到她如何分析孩子们对她的方法的回应，从而了解儿童的数学学习方式。然后，玛丽安利用这些新知识持续地改进自己的教育实践。

在参加早期数学学习项目的第二年，玛丽安再次觉得自己的教育根基更加稳固了。她还发现，自己对于儿童算术能力的发展有了更深入的了解。她开始借助自己对于儿童棋盘游戏的观察来记录儿童对于数字概念的理解，比如对于基数（一组东西中最后一个被数到的东西的数字代表着这组东西的总量）的理解。

玛丽安记得，研讨会的演讲者曾鼓励她询问孩子们，以知道孩子们在判断物品的"多少"时的依据是什么，这样就可以了解孩子们的计数策略。她也得到了教练的鼓励，教练建议她在孩子们宣称自己拥有多少物品时，及时向孩子们发出提问，如"你是怎么知道的？"。起初，玛丽安觉得自己向孩子们提出这个问题或许有些尴尬。但是，现在不确定孩子们采用哪种计数策略时，她就会自然而然地脱口而出询问孩子们。

她的教练告诉我们，借助于日常的大量观察，教练发现玛丽安在一天中所使用的数学语言与以往相比有了明显的增加。玛丽安觉得自己将数学探索融入班级的学习中是一件十分自然的事情。她特别骄傲于将数学融入创造性活动中。例如，她班级中的孩子们在完成一项关于植物的研究时，会在活动室里用各种各样的几何形状创作一幅花园风格的美丽的壁画。

在成长周期的第二阶段，教师会将新学到的知识应用于实践。例如，玛丽安在一天中有意识地更多地使用数学语言。

教师的分享和示范

在玛丽安故事的第三阶段，你会看到玛丽安是如何获得足够的经验和信心从而与其他教师分享经验的。你还会看到，通过分享和示范，玛丽安是如何不断深化自己所学的知识的。

现在，玛丽安正处于参与早期数学学习项目的第三年。今天上午晚些时候，她将帮忙为其他教师主持一个研讨会。玛丽安紧张地回顾自己想说的话，因为她不想遗漏任何重要的演讲内容。她计划向大家描述自己引导和支持儿童将数学概念融入植物研究中的整个过程。当她回忆起孩子们在测量和记录植物生长情况时所表现出的自豪感时，她不由自主地露出微笑。

玛丽安结束了整个演讲之后，她对教师们表现出的热烈回应和浓厚兴趣感到十分高兴，同时也有点惊讶。在演讲中，玛丽安回顾了过去几年中自己从其他教师那里学到的一些经验，也反思了这些经验对于她的成长和学习有多么宝贵。

在成长周期的第三阶段，教师们在新知识和新技能的学习方面获得了更多的经验及信心，他们准备好了与他人分享自己的经验。通过这种方式，教师可以更加深入地探索自己的新做法。

玛丽安的故事向我们表明，随着教师对教育的内容和实践越来越熟悉，他们能够提出并分享自己的新策略。下面是另外几位教师分享经验的示例。

> 随着教师对教育的内容和实践越来越熟悉，他们能够提出并分享自己的新策略。

- 第一位教师向大家分享了自己如何将孩子们口述并绘制的书籍整理到班级的图书区。
- 第二位教师说到他在班级环境中已经开始使用孩子们制作的标签，而不是他自己制作的标签。
- 第三位教师邀请其他人进入她的班级观看孩子们为了邀请家人参加家庭活动而书写单词的过程，孩子们创造了美丽且意义丰富的邀请函。

当教师与同伴进行分享时，他们就会把各种新想法和新理念的种子传播出去，也能积极地促进自身的持续成长。教师也可以向家长展示和分享自己的策略，例如在家长会和家访中分享评估儿童发展的相关策略、在家庭参与的活动中演示有趣的游戏活动，以及在家庭研讨会上介绍儿童图书中的概念。

表3.1概述了教师成长的三个阶段。这个时间表是灵活的，具体取决于教师的经验、所获得的支持以及他们对学习领域的了解程度。一位教师可能在入职的第二年就进入分享和示范阶段，而另一位教师可能在入职后的第三年依然停留在如何把新的想法融入班级实践这一阶段。尽管有些教师可能在较短的时间内就可以完全改变，但是经历这三个阶段

通常需要教师花费三年左右的时间。在我们与教师共同合作的 14 年中，我们一次又一次地发现，管理者和教师往往低估了整合与推进教育实践所需的时间和精力。

表 3.1　教师成长的三个阶段

教师的学习	教师的实践	教师的分享和示范
关于自己： 识别和调整关于教育与学习的信念； 识别自己的优势与成长领域。	关于自己： 应对不平衡的状态； 提出更多的问题； 为自己的学习负责。	关于自己： 扩展专业身份； 发展自己的引领能力与沟通能力。
获取有关教育与学习的知识： 学习新的研究、理论和应用； 思考如何把上述内容应用于教育实践（例如评估、家长参与）。	深入理解课程内容： 尝试新技能，观察儿童的回应，适时调整； 将评估数据和观察结果应用于实践； 将知识融入课程中。	深化理解并全面拓展课程内容： 通过描述和演示完善知识学习； 开发新的策略，并加以专业化。
与他人一起： 发展新的角色和人际关系； 尝试新的人际互动方式； 运用他人的指导和支持。	与他人一起： 关注儿童小组和儿童个体的反应； 关注背景； 与其他成人合作； 运用他人的指导和支持。	与他人一起： 以多种正式和非正式的方式进行分享； 成为教师的引领者； 运用他人的指导和支持，同时为他人提供指导和支持。
可能遇到的困境： 在核心信念方面面临冲突； 遭到干扰。	可能遇到的困境： 在更深层次上难以应用； 难以整合； 感到失衡。	可能遇到的困境： 与他人分享时可能不够自信； 对于分享的内容和方式缺少足够的把握。

（续表）

教师的学习	教师的实践	教师的分享和示范
关注点： 了解新材料和新策略； 应对情绪情感。	关注点： 探索儿童知道什么、能做什么、如何回应以及这些对于自己的教育实践意味着什么。	关注点： 建立学习共同体或专业共同体，以支持教师的持续学习和实践。

每个阶段都包含或多或少的学习、实践、分享和示范，但每个阶段都有其特定的重点任务。第一阶段的重点任务是学习，第二阶段的重点任务是实践，第三阶段的重点任务是分享和示范。

这种研究框架有助于教师的专业成长，能够让教师在幼儿教育工作中知道应该如何获得更多的专业知识，以及如何有目的地开展工作。这一框架是接下来三章的基础，我们将在这三章深入地探讨教师成长的三个阶段，即教师的学习、教师的实践、教师的分享和示范。

第四章

教师的学习

雷妮所在的"开端计划"项目正在使用"课堂评估评分系统"（Classroom Assessment Scoring System，CLASS）[1]中的观察工具评估教师与儿童之间的互动。在上午的大组活动时间，雷妮正在为孩子们阅读一本书，她不安地看了看正在班级里评估师幼互动情况的观察员。雷妮知道，她应该通过对话支持孩子们发展高阶思维能力，但是不确定如何进行此类对话。

* * *

库埃全神贯注地看着一段视频，视频中的一位教师正在描述和演示具体的画图方法。这位教师在一块毛毡材质的大底板上绘制鞋子和靴子。库埃觉得自己班级中那些5岁的儿童已经做好了从绘画具体的物品向用更抽象的表征方式（比如图片或符号）过渡的准备。此刻，库埃的头脑中涌现出许多向自己班级中的儿童介绍这一新方法的途径。

* * *

当伊索贝尔听到培训师向幼儿园的教师们介绍另一套社会情感课程时，她暗自翻了个白眼。伊索贝尔觉得自己已经具有较高水平的班级管理能力，对此她感到十分自豪。她讨厌别人暗示她的工作还不够努力。

本书第三章描述了教师在参与教育变革时将经历的三个阶段，本章将具体探讨其中的第一阶段,即教师的学习,以及它对你意味着什么。

雷妮、库埃和伊索贝尔这三位教师正在面临各种变化。每种变化既是一次机会也是一次挑战。三位教师都站在了新经历的起点上,这种新经历很可能给人带来不确定和冒险的感觉。当教师开始一段新经历时,他很自然地想弄明白这个新的冒险将如何影响自己、人们对于自己会产生怎样的期待(需要知道什么和做些什么)以及新经历将如何影响自己与儿童、家长、同事和管理者之间的互动。当你开启新的教育经历时,你可能会产生类似的疑问,比如:

+ 我将不得不做哪些不同于以往的事情?
+ 这会造成多大的破坏?
+ 这将如何影响班级里的孩子们?
+ 这将如何影响我的工作量?
+ 我能够顺利地实现这一改变吗?

在成长的第一阶段,人们通常需要学习许多内容,你可能无法想象自己将如何理解和吸收所有这些内容。进入未知的领域可能会让人感到有点害怕。但是,你对于整个学习过程了解得越多,你就越能面对不确定性。接下来,让我们从思考这个阶段会发生哪些类型的学习开始。

学习的维度

如果你认真阅读本章开篇几位教师的成长故事,你就会发现每个学习机会都包含着多个层面。例如,雷妮正在学习如何通过师幼互动来促进儿童的思维能力发展。她试图在与儿童的互动中尝试不同的策略以发展儿童的思维能力,并在观察儿童的回应和自己的反思中获得学习。雷妮也在了解一个特定的工具,即课堂评估评分系统,它可以帮助人们定义并衡量班级中师幼互动的情况。此外,雷妮还在学习如何借助于观察员对她教育行为的观察和反馈来进一步改进自己的教育实践。

为了更好地理解这些学习层面,我们可以从三个维度认识学习的具体过程。研究人员萨拉·麦肯齐（Sarah Mackenzie）和乔治·马尼克（George Marnik）确定了人们学习新技能时发挥作用的三个学习维度：内省学习（了解你自己）、认知学习（学习内容和策略）以及人际学习（通过与他人互动进行学习）。[2] 内省学习是内在的，它侧重于对自己的教育理念、教育优势和不足、个人的学习风格和偏好、让你生发出极大兴趣的热点话题以及可能存在的偏见的关注。认知学习侧重于关于儿童学习内容和学习方式的理论和研究，以及教师的教育策略及其有效应用。人际学习侧重于教师学会如何与他人合作，包括儿童、同事、家长、管理者等。表4.1展示了上述三个学习维度以及与之相关的例子。

表 4.1　教师的学习之动态维度

维度	与教育变革相关的例子
内省学习（了解你自己）	我的感受及其如何影响我的工作。 我关于教育、学习、儿童以及家长的信念和价值观。 我对自己作为教师的认识：我做得好的地方、需要加强的地方、我的教育风格和偏好、关注的热点或可能存在的偏见。 我的学习风格和偏好。
认知学习（学习内容和策略）	我已经知道并做了什么。 我正在学习的新知识：理论、研究、标准、工作流程和方法。 如何把新知识应用于我的教育实践：教育策略、评估策略以及与标准相对应的责任。
人际学习（通过与他人互动进行学习）	这将如何影响我与儿童、同事、家长和其他人之间的关系。 我应当如何改善自己与儿童之间的互动。

注：Reprinted with permission of Learning Forward. All rights reserved. Sarah V. Mackenzie and George Marnik,"Maine Program Helps Teachers Learn from That Voice: Inner Voice Tells Teachers How to Grow", *Journal of Staff Development* 25, no. 3 (Summer 2004): 50–57.

这些维度不仅有助于我们深入讨论教师的学习，而且能够为我们讨论教师的实践以及教师的分享和示范提供框架。在本章和接下来的两章，我们将探讨教师成长的三个阶段，同时借助于这一框架加深我们对这三个阶段的理解。

了解你自己

了解你自己意味着反思自己的教育理念，并增强自己作为教师的自我意识。在获得新的学习体验时，你可能会质疑新的方法或程序是否符合自己的教育观。一方面，你可能想知道，自己作为一名教师到底能够从中学到什么；另一方面，你可能期待着迎接挑战。如果我们回顾本章开篇几位教师的故事，并在接下来的段落中更多地了解每位教师的情况，我们就会发现每位教师在面对计划中的变革时都有自己独特的回应。

雷妮正在"课堂评估评分系统"观察员面前为一群孩子阅读图书。她在阅读时，意识到自己无法自信地管理与大组孩子们之间的深度对话。她左右为难，既想进行深入的长时间对话，又不想让大组活动时间超过 15 分钟，因为她认为大组活动的时长不可以超过 15 分钟。

* * *

库埃对于学习教儿童绘画的策略感到兴奋。他在幼儿园任职的第二年已经在班级中建立了良好的教育常规，但是他也想挑战自己和班级里的孩子们。他想让孩子们一开始先尝试绘画真实的鞋子，然后逐步过渡到根据图片中鞋子的样子进行绘画。库埃观看的培训视频提出了一个观点，即让孩子们从具象绘图过渡到使用图片绘图有助于孩子们把动手实践的学习与更加抽象的思想表达联系起来。这个观点与库埃关于最佳教育实践的看法是一致的。

* * *

伊索贝尔即将开始参与一个新的社会情感课程。她的行为反应与她在幼儿园多年的工作经验有着密切的关联。翻白眼的行为所反映的是她对于新项目的不屑,因为根据她的经验,她所在的幼儿园常常会紧跟一个又一个的热点潮流。伊索贝尔也感到有些沮丧,因为管理者似乎没有重视她激励儿童和管理班级的能力。

对这些教师来说,变革将引发他们对自己的信念、价值观、情感和职业身份进行反思。这意味着,他们可能会花时间学习新东西、付出额外的努力、体验由于接触不熟悉的事物而产生的不适感、出错或者努力重获常规感或胜任感。一些教师对变革带来的挑战持欢迎态度,这些挑战实际上可能会推动变革;另一些教师最初的反应很可能混合着顺从、不满和紧张等情绪。他们在专业成长的学习和实践阶段可能感到失衡,这些都是人们在面对变化时自然产生的情绪反应。

> 一些教师对变革带来的挑战持欢迎态度,这些挑战实际上可能会推动变革;另一些教师最初的反应很可能混合着顺从、不满和紧张等情绪。他们在专业成长的学习和实践阶段可能感到失衡,这些都是人们在面对变化时自然产生的情绪反应。

一位教师回忆起自己刚听到一个新的儿童数学学习项目时的反应:"哦,天哪!我们要去做什么?我对于数学学习感到非常焦虑。我不擅长数学。现在,我要教什么?我又要学什么?"这位教师在课堂上一直都很自信,对新理念也很感兴趣,但童年时期的数学学习经历导致数学不在她的"舒适区"内。她的经历造成她对于这一新的学习机会的情绪反应。教师们对变革的反应各不相同,这不仅取决于他们的个人经历,还取决于他们所处的发展阶段。[3] 处于求生阶段的新教师(参见本书第一章)可能觉得自己还没有做好充分的准备来迎接变化,而成熟的教师可能觉得自己已经花时间,也支付了费用,但在学习新内容或新策略方面缺少兴趣。

在教师成长的学习阶段,你可能会改变自己的专业身份或教师观。你的信心可能会动摇。当你尝试新的策略或改变熟悉的常规时,变化可能会使你感到困惑、失去控制甚至觉得无能为力。大多数人都不喜欢脆弱的感觉，尤其是教师，他们希望向儿童和家长展示并传递出一种积极自信的态度。许多教师已经花费了很多的时间和精力学习如何教育，因此这些教师不愿意改变是很自然的一件事情。改变意味着教师可能需要重新写教育故事，在刚刚好的教案上添加新的段落。

变革也可能挑战教师的价值观和教育信念。教师获得的新信息可能巩固并增强某些信念和价值观，也可能与其他信息相冲突。

变革的背景会影响你的回应。你所在的团队或机构过去引入和实施教师发展计划的方式会影响教师们的回应。假如在短时间内，你所在的教育机构经历了多次的管理层变动，那么你一开始很可能会心存疑虑。管理层的迅速变化可能会让你得出这样的观点，即在投入改变之前耐心等待是一个明智之举，因为管理者可能再次调整方向。如果你所在的教育机构同时启动了多个新计划，你将可能感到不堪重负，因为你被期待同时适应新的策略、信息和改变。即使你十分愿意学习新策略，你也很难一次完成所有任务。

 引导式问题：了解你自己

以下是一些引导式问题，可以帮助你在教育变革中了解你自己：
> 这个经历会如何增强你的教育优势？你对自己在这个领域的知识或技能有多自信或多紧张呢？如果你感到不够确定，那么是什么让你担忧自己的知识或技能？
> 这个新经历与你的教育理念（你对教育和学习的信念及价值观）匹配度如何？它在哪些方面与你的教育理念相冲突？
> 这个新经历可能会引发或触及你的哪些热点问题或偏见？你可以做些什么来应对可能出现的热点或偏见？
> 你所在的教育机构全力支持你学习新知识的可能性有多大？

> 如果这些问题让你感到担忧，请考虑一下如何解决它们。
> - 你可能不得不暂时接受不确定的状态，因为你知道随着学习内容越来越多，你所担忧的问题就能得到解决。
> - 你可能需要把自己的担忧告诉那些有能力解决这个问题的人。
> - 你可能需要找到一位值得信赖的盟友（教练、另一位教师或管理者），这个人了解你而且愿意在你经历新事物时担任善于指正你的角色。那些致力于促进你成长的人会成为优秀的顾问，在整个过程中给你提供有价值的反馈。

内省学习，或了解你自己，指的是一个人充分地意识到，作为一名教师，自己是谁。虽然了解自己的情感、信念以及对变革的反应十分重要，但你也要学会处理好变革所带来的各种新内容和新策略。学习内容和策略，或认知学习，针对的是教育内容和教育方式。

学习内容和策略

在成长的第一阶段，你需要了解具体的领域知识，比如读写、数学或科学，这些内容对你来说可能是全新的。你也需要学习如何通过策略和日常活动来教这些内容。如果你正在采用新的课程标准，你就需要了解这些标准的具体内容并知道如何在日常工作中进行应用。

在围绕这一学习维度进行讨论时，雷妮将她正在学习的内容定义为通过对话发展儿童的高阶思维能力。她曾听过一个演讲，演讲者描述了这一教育策略的强大影响力。雷妮认为自己还需要更多地学习，以了解如何在不同的教育情境中更好地使这一策略发挥作用。

* * *

在围绕这一学习维度进行讨论时，库埃说他正在学习孩子们如何理解绘图，同时思考如何有效地施教。他正努力理解两方面的内容：孩子们正在学习什么以及支持这种学习的教育策略是什么。库埃认为，这些内容都建立在自己关于儿童发展的认识与理解上。

* * *

在围绕这一学习维度进行讨论时，伊索贝尔表示，她对于目前自己的学习内容感到轻松。她曾经接受大量有关儿童社会情感发展方面的培训，对这一领域知识有很强的自信心。她觉得自己有能力完成整个评估体系，能够关注到儿童社会情感方面的成长。她想知道，现在的这个新课程中关于自我调节的内容是否与她已经了解到的相关信息完全一致，或者说，自己是否有必要学习一些新知识。

上述案例表明，当新知识建立在你已经知道和理解的知识之上时，学习新的内容与策略就会更加容易。在这种情况下，你会觉得自己身上少了很多压力。例如，一位教师说："有一次，我坐在后面重新评估时发现自己在没有意识到的情况下正在和儿童一起做数学活动。这项工作并不遥远，也并非十分重大，其实它很小且容易完成。"

教师成长第一阶段的这一维度需要你重新审视自己对下列领域的理解。

儿童发展。 随着学习许多新的内容，你会了解儿童的发展以及学习语言或社会情感等发展领域的新路径，也可能了解有关新内容与发展领域之间相互作用的研究或理论，还可能了解特定的课程或评估工具。

标准。 你要了解那些支撑你工作的各种指南。大多数旨在促进变革或改善教育实践的努力都与研究和标准有着密切的关联。例如，州级的早期学习标准、地方的早期学习框架、教师的核心能力标准、"开端计划"项目执行标准、"开端计划"早期学习成果框架以及"州共同核心课程标准"等为教育和学习提供了指导准则。关于儿童应该学习哪些内容以及应该如何学习的研究源源不断地为这些标准和教师的学习提供信息。作为学习的一部分，你需要了解相关的研究和标准，也要认真地思考如何将其与自己班级中的孩子们联系起来。

教育实践。 为了满足儿童个体的学习需求，你要学习新的观察方法、评估方法或技能。应用和实践是理论的重要对应物。如果你一学习新内容就开始实践，理论将会变得更切实可行。

政策与工作流程。教育变革会对政策与工作流程产生影响。这些影响的范围广泛，包括新的评估形式、新的人员配置（如教练或家访员）、新的时间表和新的项目常规等。（例如：雷妮正在了解"课堂评估评分系统"这一工具，其中包括对某些类型的师幼互动的具体描述以及通过使用该工具来改进自己的教育实践的方法；库埃现在有了一位教练，这是他所在教育机构中新增的工作岗位。库埃需要定期与教练会面，了解他应该期待从教练那里习得什么以及教练对他有什么期望。）

当你在工作中需要学习新的政策或工作流程时，你可能会唉声叹气。适应它们确实需要一些时间。在将新的政策或工作流程整合到工作实践中并使其成为常规活动之前，以不同的方式做事或添加新事物可能会打乱原先的常规活动和时间表。幸运的是，你会发现，新的政策和工作流程一旦建立起来，就会让工作变得更好，能够带来新信息，甚至会让生活更轻松。一位教师在参加完一个为期三年的项目之后写下了这样的心得体会："起初，我以为这意味着自己要做更多的文案工作，实际上，我的教育工作变得更加容易和轻松。如果我需要一些数学方面的东西，新信息和新想法就会立刻出现在我面前。"

现在，你可以看到，了解自己与了解内容和策略之间是如何相互作用的。关于儿童如何学习、儿童学习什么以及教师如何促进儿童学习的知识，可以支持你认识作为优秀教师的自己。

💡 引导式问题：学习内容和策略

以下是一些引导式问题，可以帮助你在教育变革中学习内容和策略：

> 你期望学习哪些内容？是理论、研究还是实践？是关于儿童如何学习还是关于他们学习什么？与教育策略有关吗？与新的政策或工作流程有关吗？

> 对于这些内容，你觉得自己已经了解了什么？
> 对于新内容，你已经做了哪些相关的事情？
> 在学习新内容时，你获得了哪些支持？
> 就应用这些新内容而言，你所在的教育机构对你有哪些期待？其中，可能涉及哪些高风险的因素？

如果这些问题让你感到担忧，请考虑一下如何解决它们。
> 如果你觉得需要学习的东西太多，那么你可以尝试着将学习分为多个小阶段或小步骤，就像你平时和孩子们做的那样。要有耐心，给自己点时间。
> 如果你认识已经掌握了你需要学习的新知识的教师，或者你知道哪些教师似乎可以自如地应对新内容，那么你可以试着邀请他成为你的指导教师或学习伙伴。如果他愿意，你就可以到他的班级观察他的教育实践。当然，你也可以邀请他参观你的班级。
> 如果你不确定自己将得到哪些支持，或者不清楚自己所在的教育机构对于你在学习和应用新内容方面有哪些期望，那么你可以与管理者交谈以获得更多信息。

要想更深入地了解自己对认知学习的理解，你可以参阅本章末尾的模板"拼接学习中的认知维度"。该模板将帮助你仔细思考影响你吸收新知识的各个因素。反过来，你生活中所发生的事情也会对这些因素产生影响。

通过与他人互动进行学习

这一学习维度涉及人际关系，或者说，与你一起学习的人。对教师来说，这意味着在与儿童、同事、家长以及教育机构中的其他人员的互动中进行学习。

当雷妮反思自己的人际关系时，她想到了班级里的孩子们。她想知道如何为那些双语学习者引入更多的对话。她在学习如何与孩子们进行此类对话时，期望两位助理教师参与进来。她还想知道，如何在家长会上与家长分享这一策略。

* * *

库埃对于自己能够与教练一起开展工作感到十分兴奋，他非常高兴有机会与其他教师交流各自的想法。对于自己正在学习的新策略，班级中的孩子们会有怎样的反应？对此，库埃感到十分好奇。

* * *

当伊索贝尔想起她所在的幼儿园中开展的新的社会情感课程时，她觉得这个课程不会为她班级中的孩子们带来变化，因为她每天都在班级中和孩子们做类似的事情。她想知道，助理教师对这个培训有何反应。伊索贝尔期望与助理教师合作，并且希望助理教师不要因尝试改变班级常规而造成混乱。

与儿童之间的互动

当你开始应用新的内容和策略时，你就能在班级中孩子们的个体和集体的回应中了解到很多东西。正如一位教师曾告诉我们："我是通过观察每个孩子的经验来学习的。"这样的观察可以改变教师对于儿童技能和知识的期望。例如，一位教师参加一个关于使用斜坡和弹珠来教数学与科学概念的研讨会，主持人展示了一段视频，视频中的孩子们用斜坡为弹珠创造路径。对此，这位教师感到十分兴奋，并指出这段视频如何改变了她对儿童能力的看法。她说："这些斜坡以及孩子们用斜坡做的各种事情给我留下了深刻的印象，以前我总觉得儿童借助于斜坡能够做的事情是非常有限的。但是，视频中的孩子们确实做了很多的尝试。这么小的孩子竟然能够达到这么高的水平，这让我很惊讶。"

> 在与班级里的孩子们互动的过程中，你将学到各种有效的教育策略，可能在以下方面做出改变：
> - ☐ 所使用语言的类型（例如使用更多的数学词语，如"更多""更少""总数"和"模式"）；
> - ☐ 交流的方式（例如设计更多开放式问题从而鼓励儿童与他人进行长时间的对话）；
> - ☐ 孩子们与环境的关系（例如让儿童为自己最喜欢的活动区制作标签，而不是你自己制作标签）；
> - ☐ 对于常规活动的管理（例如将数学融入迎接家长和孩子来到班级的每日问候中）。

班级里的儿童以小组的形式进行学习，也会影响你所学到的内容。也许，你每天与两组儿童相处，其中一组儿童来自上午时间段的班级，另一组儿童来自下午时间段的班级。两组儿童可能在独特的发展技能、知识、活动水平、英语语言能力和年龄等方面具有显著的差异，从而呈现出不同的活动样态。这些不同的活动样态意味着，你必须采用新的策略来适应每组不同的儿童。例如，一位教师上午带的班级里是四五岁的儿童，他们可能喜欢集体阅读和讨论图画书的内容，也能够轻松地回忆起之前的阅读细节。但是，在下午带的班级里是3岁的儿童，因此为整个小组的儿童大声朗读图书可能无法达到预期的效果。教师可以进行一些必要的调整，让两三个儿童为一组阅读文字少但有更多具体观点的故事可能效果更好。

与成人之间的互动

教育实践的改变通常会影响班级里的成人和儿童。班级中成人之间的互动可能会导致以下方面发生变化。

+ 教育计划。当你引入新的想法、策略或常规时，可能需要更多的时间调整各类教育计划。

- 角色。班级里成人的角色可能发生变化。例如，你们每个人可能需要开始与儿童小组一起学习技能。
- 搭档。可能有新的人员与你搭档。例如，一位教练可能被派来与你合作，或者你可能被要求去指导其他教师。

像许多教师一样，在班级中，你需要与其他工作人员合作。有时，班级里的所有成人会一起参加某个专业发展培训活动，这将帮助整个教育团队树立共同的核心理念。一位教师对此进行了总结："应当让助理教师一起参加培训，这样我们就容易达成一致意见，有力地支持孩子们的成长。这些助理教师可以帮忙制订计划。"当所有的合作伙伴能够一起做出改变时，整个团队就可以相互支持，在交流中彼此提供有价值的反馈和新的想法。对于你在改变教育实践和工作流程中遇到的挑战与问题，团队将帮忙提供解决方案。

与教练和指导教师之间的互动

在专业发展之旅中与你合作的教练、指导教师、管理者等人将推动你的成长。这些人就像你的同事一样，会为你们的学习伙伴关系带来新鲜的视角以及他们的经验和知识，帮助你更加清晰地了解自己所具备的专业技能，也能够帮你树立信心，正如一位教师所言："数学教练走进班级告诉我'你能这样做，但是你没有意识到你已经这样做了'。"教练和指导教师会把新的概念与你已具备的教育知识和实践联系起来，进而增强你的专业优势。

与同事建立牢固且可靠的关系可以帮助你在进入未知的领域时站稳脚跟，更轻松地迎接并承担风险。你将成为学习共同体中的一员。当有机会交换想法或观察彼此时，教师们就可以相互学习。通常，当周围的人在做同样的事情时，你就会很容易地改变自己的行为。

与工作环境之间的互动

每家教育机构都有自己独特的结构、规定、工作流程和非正式的文化,这些会对其做事方式产生影响。例如,有些教育机构很少使用小组教学活动,但其他教育机构将小组教学作为课程的常规组成部分。如果你不熟悉小组教学,你就需要教练或管理者更多地支持你进行尝试。由于公立教育机构中有复杂的薪酬结构和职位定义,因此只有教师(不包括那些起辅助作用的专业人员)有机会参加研讨会等专业发展培训活动。这意味着,在了解教育变革动态以及教育实践方面的信息时,班级中每个成人所获得的信息是不一样的。如果助理教师等起辅助作用的专业人员没有与教师接受相同的培训,那么教育机构就需要寻找其他方法让辅助专业人员参与教育变革。

社区环境不仅影响儿童及其家庭,也会影响教师及其工作环境。通过在社区中居住、购物、与家长和同事交流、家访以及参加社区活动,你可以了解和体验儿童及其家庭的日常生活。然后,你就可以将自己对于社区所具有的独特优势和挑战的理解融入日常的教育实践中。

 引导式问题:通过与他人互动进行学习

以下是一些引导式问题,可以帮助你在教育变革中通过与他人互动进行学习:

> 这项变革将如何影响你在班级中与孩子们的互动?
> 这项变革将如何影响你与同事(可能是管理者或你的下属)的互动?
> 你和合作的同事是否已经为教育变革建立了一套共同的知识体系?如果没有,那么你将如何分享相关信息?
> 你的背景(即你在教育机构或社区中做事的方式)如何影响你的工作方式?
> 你对班级中儿童所在的社区环境了解多少?如何才能了解到更多的信息?如何将这些信息应用于教育实践?

> 如果这些问题让你感到担忧,请考虑一下如何解决它们。
> › 安排固定的时间让教育团队一起探讨新的内容或策略以及如何在班级中做出改变。
> › 了解周围的社区和教育机构。管理者和同事可以成为你的学习资源。了解儿童的最好方法就是与他们的家庭建立密切的关系。

作为一名教师,你面临着复杂的任务:整合新内容和新策略,管理自己的行为反应,改变自己与他人的互动方式。你可能对一些新想法有些抵触,因为你知道做出改变并不简单:学习一种新的策略或活动可能引发更多的问题。例如,我们在前文所举的例子,即在改变班级里的标签时,让孩子们制作标签。这个想法最初来自一次关于儿童文字意识的培训课程。培训师要求教师们想一想如何在班级中使用标签以及应该让谁制作班级里的标签。

这引发了一场让所有教师都参与进来的持续的大讨论,教师们围绕自己班级中有哪些标签以及这些标签有怎样的用途进行探讨。其中,一位教师因自己班级中每个活动区都有美丽的标签而深感自豪。她花了很多心思让这些标签既清晰又美观,还配上了相应的图片。多年来,许多教师钦佩并效仿她的做法。在参加了关于文字意识的培训以及关于标签的讨论之后,特别是在大家讨论应如何让儿童使用标签之后,她决定把活动区的标签都拆下来。她在小组活动中与班级里的孩子们谈论每个活动区及其用途。然后,她邀请孩子们为每个活动区制作新的标签,并在拼写方面给予帮助。这位教师在学习共同体中与其他教师分享了这个故事。

教育的复杂性是使教育有价值的原因之一。你可以将自己在某一领域中学到的东西应用到其他领域。例如,当被要求根据评估数据为儿童制订计划并设定目标时,教师的整体评估能力就会得到提高。一位教师在认真观察之后有了这样的反思:"我现在知道该如何做了。我的搭班教师制作了一个儿童发展表,我们用它核对孩子们的技能,关注他们对每个概念的掌握程度——不只是关注他们的年终表现，而是全年都关注他们的进步情况。"

教师成长中的这一阶段如何影响你的日常实践？

作为教师，你所做的改变几乎会影响你工作的每个方面。当你把新的材料和实践融入工作中时，日常活动、儿童小组、环境和教育计划都有可能发生巨大的变化。教师成长过程中的每个阶段都可能带来不同的问题，这些问题将有助于你探索自己将有怎样的经历。在这一章以及接下来的两章，我们将探讨变化对你在以下方面的影响：

+ 专业身份；
+ 遇到的困境；
+ 情绪体验。

当你反思自己的教师工作时，你可能在日常的工作经历中发现这些概念、情绪情感和困境。

专业身份：作为教师，你是谁？

通过经历教师的学习、教师的实践、教师的分享和示范这三个成长阶段，你可能会以一种新的视角重新思考自己的教师身份。研究人员克兰迪南和康奈利（Clandinin & Connelly）调查了教师们如何理解自己的专业实践，他们将教育教学描述为一种叙事，或者教师在自身的经历中形成的故事。[4] 把你的专业身份看作一个你正在创作的故事，作为一名教师，你的故事将阐明你的实践、信念和价值观。[5] 这个故事将构成一幅画面，展示出你如何看待作为教师的自己、觉得自己所发挥的作用如何、如何定义自己的教育风格，以及你在班级中的优势和弱点。你关于学习和教育的知识以及将其付诸实践的整个过程也是一个故事。

因此，当变革来到你的班级时，它很可能影响你如何看待作为教师的自己，因为它会改变你的故事。随着你接触新的知识、策略、经验甚至是关于教育和学习的新的价值观或信念，你的专业身份可能会发生变化。如果你想知道教师日常工作中那些小事件如何影响作为教师的大故事，那么你可以使用本章末尾的可复制模板"我的教育小故事"。

面对困境：你的实践内容和实践方式

当遇到与你当前的信念和教育实践相一致的变化时，它就会容易地适应你关于如何教以及为什么教的故事。这种类型的变化是比较容易整合的，因为它似乎与你已经做的、想的和感受到的内容相吻合。然而，一些新的举措往往会给教师们带来困境。

从困境中学习

困境需要你反思自己的价值观，从不同的角度创造性地、有逻辑性地思考问题，有意识地做出选择。与困境做斗争，能让你有丰富的机会意识到自己关于教育的价值观和优先事项。

> 与困境做斗争，能让你有丰富的机会意识到自己关于教育的价值观和优先事项。

当你必须在两个相对立的观点之间做出选择时，就会出现困境。有时候，困境是由新举措的某些部分与你现有的核心信念或价值观相冲突而产生的。例如，当教师第一次学习如何教早期读写时，他们通常会表达自己的担心，他们觉得过于注重读写可能会分散教师们对于教育重点的关注，因为教师们通常把支持儿童的社会情感发展作为教育重点。这种担忧反映了相互竞争的信念或价值观，即应该更加强调学业能力的发展还是更加强调社会情感的发展？

有时，困境源于相互竞争的优先事项。例如，一家教育机构要求教师学习使用新的在线评估系统。教师们被期望每年至少三次观察儿童在班级中的互动，进而收集有关儿童三四十种不同能力的评估记录。在使用新评估工具的第一年，教师们经常抱怨在工作中左右为难，因为他们既要花费大量的时间观察儿童以获取足够的评估记录，又要对儿童进行教育。

了解困境是我们接受困境的第一步。我们首先要确定冲突因素是什么。以下是有助于你更深入地了解困境的一些问题：

- 在这个领域中，你对于儿童和学习的看法是什么？你的看法与这项新举措是否一致？
- 这种变化对教育、学习、教师、儿童或家庭的影响是否困扰着你？具体是什么？
- 对于那些似乎与你的信念或价值观相冲突的想法，你有哪些疑问？
- 你是否在不同的优先事项之间左右为难？如果是这样，那么相互冲突的两个优先事项分别是什么？
- 关于这些优先事项，哪些资源可以帮助你了解到更多的信息？
- 在应对这一困境时，谁可以成为你的有力盟友？
- 你有哪些选择？
- 每个选择的潜在后果是什么？

你可能发现自己暂时处于停滞不前的状态，难以前行或难以找到适当的解决方案。其实，感到困顿是人们解决困境过程中的一个组成部分。如果你发现自己陷入了困境，那么你就要弄清楚自己面临的问题是什么或者哪个问题让你感到棘手，而且你也要记住给自己点时间。你可能需要更多的时间、信息、新的经验或新的视角，才能更好地面对困境并解决复杂的问题。

兼容并包的思维方式

另一个解决困境的方法是问自己是否接受两个选项，而不是仅选择其中的一个选项。这需要你仔细地审视每个选项，看看是否可以将它们充分地结合起来。

有时，困境只存在于我们的脑海之中，它们可能不会成为现实困境，而非此即彼的思维方式有时会阻碍我们前进。例如，许多幼儿教师经常产生这样的疑问，即自己更应该选择基于游戏的课程还是更强调学业能力的课程？当前，整个教育界都更关注儿童的读写和数学，而这种情况在过去并不常见，许多教师担心这会取代人们现有的对儿童游戏的重视。教师如果采用非此即彼的思维方式，就会认为这些选项是相互排斥的，最终抵制这些变化，产生不满情绪或者担心这种倾向伤害孩子们。教师如果采用兼容并包的思维方式，就会觉得这些选项是可以共存的并接受它们。他们明白，孩子们需要通过游戏和动手操作来了解新材料，也意识到不必排斥游戏，理解有必要将游戏融入儿童主导和教师主导的时间段。

> 一旦你发现了自己所处的困境，请不要忽视它。困境不太可能自行消失，而且会给你的日常工作带来额外的压力，也会让你更容易分心。建议把困境看作一个机会，由此你可以更好地理解和阐述你所做之事以及你这样做的原因。一旦你很好地理解了困境，那就接受它吧。接受教育困境可能意味着：
> ☐ 解决两种想法之间的冲突；
> ☐ 适应新的想法；
> ☐ 在两个选项中选择其一；
> ☐ 决定忍受两种想法之间的不和谐；
> ☐ 坚持你最熟悉的做法。

图 4.1 表明，兼容并包的思维方式如何让你的教育教学更加平衡。与此同时，非此即彼的思维方式可能会减少你与孩子们所拥有的选择和机会。在对任何两难问题进行权衡时，请始终牢记自己的最终目标。

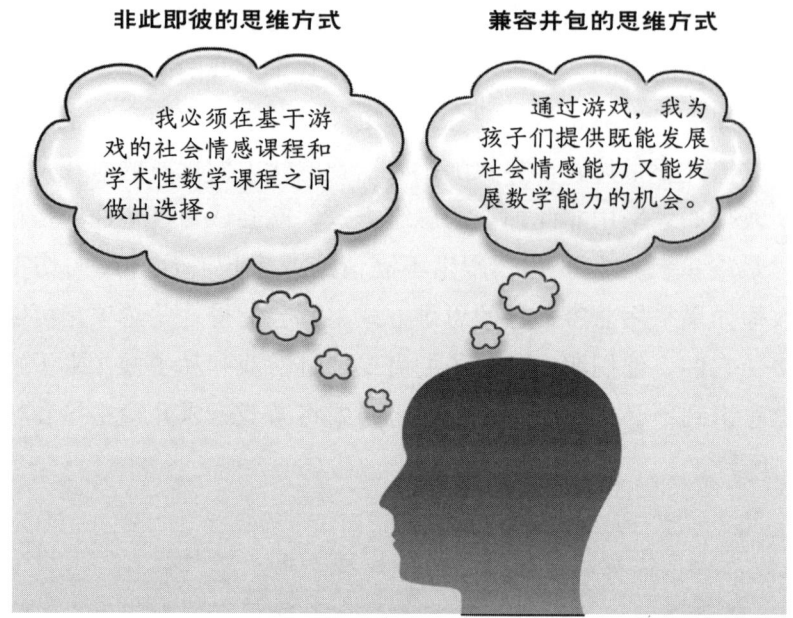

图 4.1 非此即彼与兼容并包的思维方式

当教师经历专业发展的第一阶段（即教师的学习）时，他们经常分享类似的困境或挑战。因为有着特定的背景和环境，所以每位教师面临的困境都是独特的，但是这些困境似乎都属于以下三个类别：

✦ 变化具有风险；
✦ 没有足够的时间；
✦ 变化过多。

变化具有风险

在面对和经历变化的过程中，人们遇到的最大挑战是不得不放弃因熟悉而带来的那种舒适感，人们期望因变化而带来的压力能够被积极的影响抵消。你会受到希望或信念——孩子们受益——的激励而改变自己的实践。然而，无论研究、书籍、研讨会的演讲者、家长或同事说什么，在你还没有在班级中亲身体验之前，你都无法知道这种变化会带来怎样的影响。正因如此，在这一阶段感到受困是正常的。你想要继续前行，但也感觉到变化具有风险。

你对于即将到来的变化了解得越多，包括变化可能产生哪些影响，你就更能做好前行的准备。在进入未知领域时，尽可能多地寻求支持也是有帮助的。在做出变化的过程中，你可以与同事、指导教师、家长和朋友们进行交流。

没有足够的时间

变化带来的第二个挑战是时间的分配。教育变革需要人们在学习、规划和实施方面投入更多的时间。这些时间分配上的需求会让你在其他领域的工作变得更加困难。你可能担心自己在班级中花费太多时间学习新内容和新策略而牺牲了自己在其他方面的学习与发展。或者，变化可能影响你在班级之外的时间，让你觉得自己很难满足管理方面的要求（如填写报告表或制订教育计划）。

面对时间方面的要求，你可以与同事们一起把需要完成的事项按照紧要程度排列出来，同时尽可能地寻求额外的支持。例如，一些教师积极加入同伴学习小组或者要求在工作时间和同事一起反思并制订计划。最重要的一点是，你要对自己有耐心。要知道，孩子们在学习一项新技能时，他们通常会集中精力练习这项新技能，直到自己达到非常熟练的程度。要允许自己有同样的学习时间。请记住，如果有了大量的学习和练习，就像你班级里的孩子们一样，你最终就会通过整合新的知识和技能获得更为平衡的方法以支持学习与教育教学。

变化过多

变化带来的第三个挑战是一次面临的变化太多会让人不知所措。例如，你所在的教育机构同时引进多个不同的专业发展项目，或者，你所在的教育机构正在与新的伙伴合作，如把特殊教育融入幼儿园班级中，同时带来新的课程体系。

如果你因变化过多而感到不知所措，你就需要向管理者说明你的担忧。管理者能够帮忙调整优先事项，这样你就可以一步一步地采取新措施。例如，你所在的教育机构利用一年的时间开发新的课程，然后调整评估系统。你也可以选择放弃不再有意义的职责或重新分配任务，这样就可以让工作量保持在相对平衡的状态。

应对情绪情感

许多教师在实施教育变革时感到焦虑，尤其是在学习阶段。研究人员维多利亚·马西克和卡伦·沃特金斯（Victoria Marsick & Karen Watkins）指出，由于教师们都非常期望成为优秀的教师，因此被要求完全放弃过去的经验而尝试新的教育方法时，他们会产生明显的脆弱感。[6] 当你觉得自己的已有知识受到质疑时，你可能觉得同事和管理者正在审视你的教师身份及教育实践。当你对那些不太熟悉的教育领域进行探索时，你会明显地感觉到自己的自信心和能力有所不足。对你来说，承认自己的脆弱感可能有些困难，但是这样做能够帮助你认识自己应对新需求的情绪反应。如果你与他人分享自己的感受，那么你会惊讶地发现他们都和你有着同样的感受。

有时，学习新东西让人倍感压力。了解自己的情绪情感是非常重要的。下面是我们曾听到的处于这一成长阶段的教师们所表达的情绪情感。

焦虑。当你不知道接下来会发生什么时，你就有可能感到焦虑，很难专注于当下的事情，也很难一步一步地继续前进。你会被各种假设困扰，例如你会提出这样的问题："如果孩子们不喜欢这些活动，该怎么办？如果班级里的孩子们都没有进步，该怎么办？如果观察员来访时我搞得一团糟，该怎么办？"以下是一些你可能担心的情况：

+ 难以学习新东西；
+ 错误地开展教育活动；
+ 孩子们没有回应活动；
+ 让孩子们参与他们还未做好准备的活动从而对他们造成伤害。

困惑。当你学习新的材料和内容时，你有可能陷入一种新的困惑，比如记不住要教的游戏步骤。刚参加完一项培训之后，你可能感到信心满满，可是当你试图向自己的团队解释相关信息时，却发现自己找不到合适的话语。学习新词语、新概念和新的发展路径不可能一蹴而就。成长意味着，向前走几步，然后后退几步，接下来又继续向前走。

不满。你可能因被要求改变课程计划、时间安排以及布置环境的方式而感到不满，希望坚持使用之前那种让你感到舒适和熟悉的方式，也会在别人觉得你的方法有些不足之处时感到被冒犯。

受挫。你可能对他人有关变化的建议感到受挫。你不知道这一变化是否与自己的理念相一致，也不清楚该如何实施策略。正如一位教师曾说："在第一年，我感到受挫，因为我觉得全新的数学学习计划可能不适合这个年龄段的儿童。我一向关注儿童的社会情感发展，不希望他们因为达不到要求而感到受挫。"

犹豫。当你开始引入新的策略时，你可能不知道自己下一步该做些什么。正如一位教师所说："我很犹豫，因为我对这个学科不熟悉，教起来很困难，也不熟悉概念和术语。"

对成人学习者来说，反思自己对变化的情绪反应（无论是何种类型的情绪反应）是一种强大的工具。它可以帮助你了解自己的情绪情感如何影响你的学习以及你与班级中孩子们的互动情况。你可以花一点时间填写本章末尾的可复制模板"挑战与克服障碍"，以此反思自己当前对教育变革的情绪反应。

你很有可能对变化产生多种情绪情感，甚至有矛盾的情绪情感。例如，你可能因学习新策略而感到兴奋，但因在班级中尝试这些新策略而感到焦虑。大多数教师对于新的挑战都怀有复杂的情绪情感。

说出希望、担忧和亟待解决的问题是我们帮助教师在变化之初识别并平衡自己的情绪情感的一种策略。请使用本章末尾的可复制模板"希望、担忧和亟待解决的问题"对你的反应和情绪情感进行探索。

在你经历成长的第一阶段（即教师的学习）时，以下建议将有助于你。

+ 留出点时间，耐心地对待自己和他人。
+ 既要自己实践，也要和他人一起实践。
+ 确保你理解自己的角色。
+ 确保你有所需的工具。
+ 找到一位学习搭档：一位善于指正你的朋友、指导教师或教练。
+ 如有需要，请与其他人一起做出调整。
+ 如有可能，参与计划新的工作方法并对其执行情况进行评估。
+ 如有可能，放弃那些不再需要执行的工作流程。
+ 承认自己的情绪情感并将其与他人分享。

下一章探讨教师成长的第二阶段，即教师的实践。在这一阶段，你将把自己学习到的内容与自己需要做的事情联系起来。

注 释

[1] Karen M. LaParo, Robert C. Pianta, and Megan Stuhlman, "The Classroom Assessment Scoring System: Findings from the Prekindergarten Year," *The Elementary School Journal* 104, no. 5 (2004): 409–426.

[2] Sarah V. Mackenzie and George Marnik, "Maine Program Helps Teachers Learn from That Voice: Inner Voice Tells Teachers How to Grow," *Journal of Staff Development* 25, no. 3 (Summer 2004): 50–57.

[3] Lilian G. Katz, "Developmental Stages of Preschool Teachers," *Elementary School Journal* 73, no. 1 (1972): 50–54.

[4] F. Michael Connelly and D. Jean Clandinin, "Personal Practical Knowledge and the Modes of Knowing: Relevance for Teaching and Learning," in *Learning and Teaching the Ways of Knowing*, ed. Elliot Eisner (Chicago: University of Chicago Press, 1985): 184.

[5] Douwe Beijaard, Paulien C. Meijer, and Nico Verloop, "Reconsidering Research on Teachers' Professional Identity," *Teaching and Teacher Education* 20 (2004): 107–128.

[6] Victoria J. Marsick and Karen E. Watkins, "Continuous Learning in the Workplace," *Adult Learning* 3, no. 4 (1992): 9–12.

拼接学习中的认知维度

作为一名成人学习者，许多因素影响你学习新知识的方式。反过来，你当时生活中正在发生的事情也会对这些因素产生影响。回答下列问题将有助于你确认这些因素。

- 请想一想，现在你正在学习或想要学习哪一领域的新内容？

- 此时你生活中发生的哪些事情会影响你的学习能力？

- 目前，你已经了解哪些内容？

- 你有哪些机会可以实践和运用自己所学的内容？

- 在实践新内容时，你有哪些机会可以获得反馈和解决问题（如教练的辅导、指导教师的指导、反思性督导）？

请在下面的拼图中写下尽可能多的想法，这将有助于你获得知识、信心、技能、策略和能力，从而在新的领域中脱颖而出。

我的教育小故事

请想一想某个平常的工作日中的某个特定的时刻，如早晨的来园时间、圆圈活动时间、户外活动时间或用餐时间。请在脑海中重现这些时刻，好像你正在观察自己一样。

- 请花几分钟写下你的回忆。

写完后，请思考以下问题：

- 在这一时刻，对于你的教育教学，你有怎样的感受？你的感受是否发生变化？如果是这样，它们是如何变化的？

- 如果你必须描述自己在这个故事中所扮演的教师角色，你会用哪些词语？

- 你的故事中是否有冲突或危机？具体是什么？你是如何解决的？

- 如果能像电影一样重播，你会改变或保留什么？为什么？

挑战与克服障碍

- 请描述你目前正在面临的一个挑战。

- 请写下这个情况中的困难之处。

回顾你对上述问题的回答。在对自己描述的挑战进行反思时,请仔细觉察自己的情绪情感。可以在下面符合你情况的词语前打"√",如果你认为需要添加新的词语,那么可以将其填写在横线上并打"√"。

☐ 愤怒
☐ 期待
☐ 焦虑
☐ 自信
☐ 困惑
☐ 好奇
☐ 愤世嫉俗
☐ 怀疑
☐ 兴奋
☐ 恐惧
☐ 希望
☐ 顺从
☐ _____
☐ _____
☐ _____

- 回顾你选择的情绪词语。你的反应大多偏向于正面情绪还是负面情绪?请解释一下。

- 以往你是如何应对此类情绪或情况的?请至少写出三种你曾使用的策略或资源。

- 你是如何利用以往应对此类情绪的经验应对当前的挑战的?

希望、担忧和亟待解决的问题

想一想你正在面临的某个变化,并具体描述一下。

记住你所选择的变化,完成下面的内容。

 你对于儿童、班级、教育机构或自己有着怎样的希望?

 你对于儿童、班级、教育机构或自己有着怎样的担忧?

 对于你所确定的变化,你觉得亟待解决的问题是什么?(至少写三个)

现在，请回顾你亟待解决的问题。你可以在每个问题旁边加上相关的符号来分类，然后根据下面的建议（带有下划线的文字）解决问题。

- 符号 ? 代表朋友或同事可以帮忙回答的问题。你打算向谁寻求帮助？

- 符号 ⏱ 代表你需要花费更多的时间解决的问题。请为自己设定一个时间表。

- 符号 📕 代表需要通过更多的专业发展培训或进一步学习来解决的问题。请将你想要选择的课程或额外的学习内容列出来。

- 现在，请想出一个你愿意探索的新策略或资源来直面当前的挑战，并把它写下来。

使用自己的策略并且激励自己尝试新的策略，这是非常重要的，将帮助你在专业与个人方面获得学习和成长。

第五章

教师的实践

阿万已经努力了几个月帮助班级中的儿童注意她大声朗读的故事中的押韵现象。她使用了一种在读写研讨会上学到的新技术,即"完形填空法":在故事朗读中,特意省略大家熟悉的押韵词,比如"Five little ducks went out to play, over the hills and far (away)"(五只小鸭出去玩,翻过山丘,走得很远),并鼓励儿童补充缺失的词语。她会在圆圈活动时间和孩子们一起玩押韵游戏。

当读写指导教师和阿万分享评估结果时,阿万觉得自己的努力终于有了回报,因为班级中的大多数4岁儿童都有了进步。许多孩子能够识别押韵词,也有许多孩子能用押韵词。尽管班级中有相当多的双语学习者逐渐理解押韵,但是阿万也注意到有些双语学习者仍然不理解押韵的概念。阿万和指导教师讨论了这个问题,然后决定尝试应用其他策略。指导教师表示可以观察一些预设的押韵活动,然后把观察到的结果向阿万反馈。阿万也与她所在的教育机构中的其他教师探讨了这一情况。

在指导教师和同事的建议下,一天午餐时,阿万开始饶有兴趣地用餐桌上的不同食物玩押韵游戏,比如"pears and chairs"(梨子和椅子)、"bread and head"(面包和头脑)、"peas and knees"(豌豆和膝盖)。这个游戏让孩子们咯咯地笑个不停,有两个女孩开始和她一起玩这个游戏。然后,她们用周围其他物品的名称玩押韵游戏。此时,阿万几乎难以抑制自己的兴奋之情:这两个女孩正是她一直关注的不太懂押韵的孩子。第二天午餐时，阿万又和孩子们玩了同样的游戏，更多的孩子加入其中，她注意到许多之前不太懂押韵的孩子也参与进来了。在整个星期的所有午餐时间，她都和孩子们玩押韵游戏。几天后，阿万注意到，一些之前不太懂押韵的孩子会在阿万不在场的情况下在戏剧游戏区玩押韵游戏。阿万暗自感到高兴，因为她意识到自己的早期读写工具箱中又增加了一个新策略。

在第四章，你探讨了自己在教育变革的第一阶段（即教师的学习）学到了什么。在本章，你将深入探讨变革的第二阶段，即教师的实践。在这个阶段，你将把自己学到的知识付诸实践。

你可能会发现，实践给你提供了一个良好的机会来深化自己作为教师所进行的学习。就像本章的开篇故事中阿万那样，你可以通过多种方式进行学习，如孩子们的反应、自己和其他人的观察、正式和非正式的评价。你可以与家长沟通以了解孩子们在家里的表现，也可以从其他教师那里得知他们的教育风格以及适应新策略和新互动的方法。随着你深入学习，你可能会遇到新的挑战。你会发现，你从失败中学到的东西和你从成功中学到的东西一样多。作为教师，实践让你有机会掌控自己的学习。

你的实践内容

我们从学习的三个维度来观察教师成长的实践阶段，即了解你自己、了解内容和策略以及通过与他人互动进行学习。在第二阶段，你要把注意力从自己身上转移到他人身上。换句话说，在第一阶段你要问自己"我正在学习什么？""这对于我的教育方法有何意义？"，在第二阶段你就要问自己"我要用学到的知识做什么？""当我这样做时，会发生什么？"。一旦你开始学习新的内容和策略，你就可以在班级中、在与家长的互动中以及在教育机构中运用新知识。在这个过程中，你会发现哪些方法有效、哪些方法无效，并且拓展自己的专业身份和关系。

调整你的专业身份

在实践阶段，这一维度的学习既令人兴奋，又让人有些害怕。它令人兴奋是因为在这个阶段你会把自己学到的知识融入教育身份和班级中。还记得第四章的教育故事吗？随着你不断地掌握更多的新策略，你也会不断地丰富自己的故事。各种各样的培训、研究和辅导会给你提供新的知识。通过实践，你将把这些外在的知识转化为你的内在知识。

> 各种各样的培训、研究和辅导会给你提供新的知识。通过实践，你将把这些外在的知识转化为你的内在知识。

这一维度的学习同样让人有些害怕，因为掌控自己的学习——在完全理解的情况下运用，不是一件容易的事情。当你将新的知识付诸实践时，你的学习过程可能会变得复杂。本章开篇故事中的阿万就是一个通过实践支持教师更深入地探索的例子。阿万实践了自己所学到的策略，并且成功地帮助了许多孩子。然而，当阿万和指导教师更仔细地观察后，她意识到自己并没有能够让所有的孩子实现目标。阿万不清楚自己下一步该怎么做，她本可以继续自己的实践，期望让更多的孩子达到目标。但相反，她决定仔细思考自己面前的挑战。她想弄清楚，由于语言方面的障碍，班级中不太理解押韵的双语儿童除了需要更多的时间，还需要什么。她也想知道，是否需要采用新的策略来支持这些儿童？阿万到处搜寻更多的信息并持续地开展实践，尝试不同的策略，希望从儿童的反应中获得学习。

当你尝试新的策略时，你可能会失去那种以往在班级中可以感受到的可预测感和掌控感。瑞士发展心理学家让·皮亚杰（Jean Piaget）曾提出这样一个概念，即"失调"或"失衡"（disequilibrium），以解释新知识如何转化为我们的思维。[1]根据皮亚杰的观点，我们每个人的头脑当中都有一套解释我们所处的世界及其运作方式的观念体系。对教师来说，这套观念体系包括儿童如何学习以及最重要的教育内容。当一个新的观念或观察结果出现时，尤其是那些出乎我们的预料或与我们现有的观念不相符的想法或现象，我们就会感到不舒服或感到失衡。于是，我们就会想办法让自己感到平衡。这会让我们对以往的假设产生疑惑，进而采取两种方式予以应对，一种方式是把新的信息叠加到原有的观念之上，另一种方式是转变自己的思维以融合新的观念。这种认知冲突及其所导致的思维重组会让我们的思维方式变得更新颖和精准。[2]换句话说，当你将新的学习付诸实践时，你可能会遇到一些意想不到的结果，这将促使你对自己的已有认知提出新的疑问。

这种失衡可能影响你的专业身份。作为一名教师，你也许觉得自己很有能力。一位教师对这种现象进行了描述："在第一年工作之后，我高估了自己的能力，我觉得自己完全掌握了数学教育方法。但最近，我越发意识到儿童群体中的个体需求。目前，我仍然在努力探索这个问题。"

在教师成长的第一阶段，即"教师的学习"，你可能对新方法及其背后的理论存有怀疑。在教师成长的第二阶段，即"教师的实践"，你将有机会通过调查策略在现实生活中如何发挥作用来解决这些疑虑。当你发现班级中出现意料之外、相互矛盾或令人困惑的情况时，你就会试着提出问题以获取更多的信息。当你对新的教育内容或方法提出疑问后，你就会开始更多地了解有效的教育方法。通过实践，你会了解到哪些方法有效、哪些方法行不通，以及需要调整哪些方法才能顺利地支持班级中的孩子们。你要把新的学习融入现有的知识和方法中。当你看到孩子们都茁壮成长时，你的担忧就会消失。一位教师说："我很惊讶孩子们能够学到这么多东西，这让我很欣慰。孩子们都很兴奋，也很有热情……因为我们做了尝试，所以那些 3 岁左右的孩子能够扩展模式。即使他们现在没有学会，但是当他们进入更高年级时一定能学会的。"

虽然你可以从错误中学到很多东西，但是试错可能让人感到沮丧。

那种失去平衡的感觉，即不平衡感，从其定义上来说，是指让人感到不舒服。因此，就专业身份而言，这一实践维度可能具有挑战性。你可能会感到无能和不确定。更重要的是，实践并不是在真空状态中进行的。当你作为一名教师进行实践时，你面对的是儿童、同事、家长和管理者。有时，你可能严格地要求自己，也可能感到有些泄气。因此，在实践阶段，对自己的学习保持灵活性和耐心是非常重要的。你深知，坚持性对于儿童的成功学习至关重要，这一点对你来说也是如此。

> 在实践阶段，对自己的学习保持灵活性和耐心是非常重要的。

 引导式问题：调整你的专业身份

在你实践新的策略并调整自己的专业身份时，请思考以下问题：
- 你觉得自己目前的情况如何？一切都在按照你预期的方向发展吗？
- 你在实践的时候感觉如何？你现在的感觉呢？
- 是否有事情让你感到惊讶？如果是这样，它是什么？它为什么让你感到惊讶？
- 对于某段经历，你喜欢或不喜欢的地方分别是什么？
- 当你这样做时，关于你的教育教学，你注意到了什么？
- 你觉得还有哪些支持、工具或资源可以帮助你？
- 在你尝试实践时，关于你的教育实践，你学到了什么？

如果这些问题让你感到担忧，请考虑一下如何解决它们。
- 你可以在认真思考之后对一些策略进行调整。根据孩子们的实际反应，你是否需要对活动的方式或使用的材料进行调整？

> 你可以与另一位教师等幼儿教育方面的专业人士讨论你的策略，也可以倾听同事的建议，想一想这些建议是否能够发挥作用。
> 请记住，第一次尝试很少能顺利进行。在判断新策略是否奏效之前，你需要给自己和孩子们留出足够的适应时间。
> 根据你的观察和孩子们的反应，计划下一个策略。

实践内容和策略

实践新的内容和策略可以帮助你更好地了解儿童的学习方式。当你尝试不同的策略并观察到哪些策略有效、哪些策略无效时，你往往会深受启发，提出许多新的问题。

正如皮亚杰学派的学者乔治·福曼（George Forman）博士所说："经验并不是最好的老师。人们必须对经验进行反思，从中获得学习。"[3]观察和记录将帮助你反思在应用新知识时所发生的事情。你需要时间反思你所观察到的内容，解读其含义，并认真考虑如何利用这些信息。教育家特里·博顿（Terry Borton）提出的"是什么？怎么办？现在该怎么做？"（What? So What? Now What?）模型（见图5.1）展示了一个可以帮助我们持续学习和成长的提问循环模式。[4]"是什么？"指的是你所学到的内容。"怎么办？"指的是应用你所学到的内容并从中获得意义。"现在该怎么做？"指的是你根据所学到的内容选择下一步做什么。然后，你将再次回到"是什么？"这一环节，此时其中的问题可能是新的，也可能是更改过的。

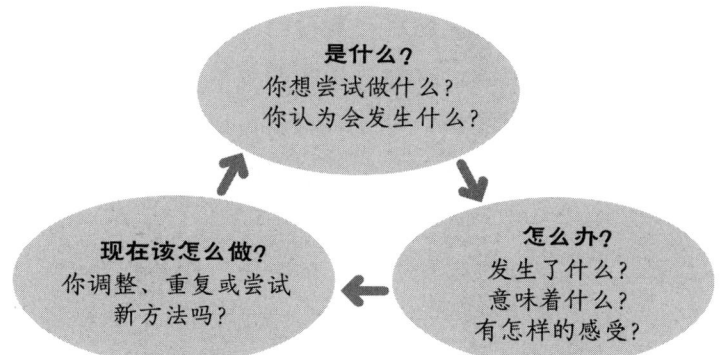

图 5.1 是什么？怎么办？现在该怎么做？

注：The "What? So What? Now What?" model is from Terry Borton. *Reach*，*Touch*，*and Teach: Student Concerns and Process Education* (New York: McGraw-Hill, 1970). Used with permission of McGraw-Hill Education.

你正在学习和实践的内容，即"是什么？"，举例如下：

+ 新的课程；
+ 新的教育策略；
+ 新的常规或时间表；
+ 新的学习环境；
+ 新的评估过程；
+ 新的标准。

要进一步明确"怎么办？"，或者说为了评估新知识和新策略带来的影响，你可以尝试使用以下方法。

直接开展面向儿童的评估。如果你足够幸运，你所在的教育机构或专业发展项目会为你提供专门的评估工具，以了解你的工作对儿童的影响。如果你没有获得此类支持，那么你需要自己设计一套直接评估儿童发展的工具。简洁明了的核查表和逸事记录可以帮助你了解儿童的进步情况。

观察和记录。选择一天中你想观察的某个时间段，同时进行记录。在当前的技术条件下，你只要获得相应的许可，就可以轻松地在班级中录制相关的视频资料。如果你想看一看自己在班级中的表现,那么你可以请同事来帮你拍一段视频。这样的视频并不需要完美无缺,只要能够让你清楚地了解某件事情的具体发展过程就可以了。然后,你可以借助于这些视频资料观察自己的教育行为,思考哪些做法有效、哪些做法无效,以及对此你想做什么。

日志或者当天(或当天某个时段)的故事。对于那些对你来说印象深刻的日子或经历,写日志或进行故事记录的方式可能会特别有帮助。它们让你印象深刻,是因为它们是不寻常的,你觉得它们真的特别好或特别坏,或者因为某些事情出乎你的意料。

在一天结束时问一问自己:"今天怎么样?" 这是一种非正式的形成性评估,你可以很轻松自然地将其融入回家的路上或是与教育团队成员的非正式的对话中。如果你对于"今天怎么样?"这一问题的回答是"不太好",你就会开始思考下次想要做哪些不同的事情或者调整第二天的计划。我们很容易错过每天进展顺利的事情。重要的是,你也需要思考进展顺利的事情,从而更有意识地复制好的做法。

无论采用何种方式收集信息,收集完信息后你都要认真地思考它的意义。此时,你真的需要询问自己"怎么办?"或者解读你观察到的情况。你必须研究自己的行为对学习的影响并询问:"这将对儿童或儿童的家庭产生怎样的影响?我如何得知呢?"以下是你在思考"怎么办?"时需要记住的事情:

- 你特别想要做什么?
- 你期待或希望发生什么?
- 发生了什么?你是怎么知道的?
- 如果事情没有按照你所预期的方向发展,在你看来这其中的原因是什么?
- 在对自己的努力所产生的影响进行解读之前,你是否需要获得更多的信息?
- 你有哪些新问题?

在你花了一些时间对"怎么办"这一问题进行思考后，你就需要继续思考"现在该怎么做？"这个问题了。这可能意味着，你需要根据观察或评估数据制定新的目标；也可能意味着，你需要对某个策略进行调整或补充，然后重新尝试；还可能意味着，你要询问更多的问题或收集更多的信息。或许，这意味着，你要再次尝试，因为你需要更多的练习才能感到安心，需要花费更多的时间才能与孩子们一起建立常规，或者你看到了某些积极的结果，你期望有更多的机会进行重复。

当你在班级里尝试新的方法时，你可能会多次进入"是什么？怎么办？现在该怎么做？"的循环之中，由此收集更多的信息，进行更多的调整，并在细化相关策略时观察由此带来的影响。下面的故事向我们展示了这一持续的过程。

凯西是一名幼儿教师，她在支持儿童发展数学技能和理解能力的过程中多次经历了这个循环。凯西解释说："作为一名教师，我非常努力地帮助孩子们学习并实践早期数学技能。我曾经参加一个关于使用网格游戏教数学的研讨会。会后，我和孩子们尝试了这类游戏，其中许多孩子之前仅通过收集东西或使用一一对应的方式进行计数。和孩子们玩了几周这类游戏后，我看到很多孩子不用一一对应地匹配骰子上的点就可以准确地计数。我还看到整个班级的孩子们在其他活动中计数。几个五六岁的孩子能够快速且准确地数出10—20个物品。"

凯西继续说道："但是，我发现，无论我怎么做，班级中有一个五六岁的孩子总是没有多大进步。我也给他提供了特别的帮助，我们会一起数少量的物品。有时，这个孩子在我们一起计数时能够准确地数出10个物品。我们会庆祝一下，我送给他一张小贴纸。但是，到了第二天，他又不会了，甚至忘记要从数字1开始计数。我在无法帮助他时会感到十分焦虑，不知道该做些什么，觉得很失败。

"幸运的是，几周之后，我参加了由教育家布赖恩·莫里（Brian Mowry）主持的一场数学学习方面的培训，并且了解到那些在计数方面有困难的孩子实际上正在使用自己大脑中较为原始的一个部位——杏仁核。[5]布赖恩告诉我们，需要给孩子们经验来帮助他们开发大脑的额叶。他说，这将帮助他们提高记忆所学内容的能力。"

凯西解释说："布赖恩向我们展示了如何设计计数工具来帮助能够数到数字2但很难继续往下数的孩子。这个工具需要的材料是：一条鞋带、两个衣夹和几个立方体。他指导我们将三个立方体穿在鞋带上，然后用两个衣夹固定住鞋带的两端。为了数立方体的数量，教师要抓紧衣夹，拉直鞋带。孩子要从左边开始抓住立方体，同时说'一'，然后把立方体推到下一个立方体上，同时说'二'，接下来把这两个立方体推到第三个立方体上，同时说'三'。在这个过程中，孩子必须用自己的双手将立方体推到一起，因为这会让他的双手跨越中线*，促使大脑的额叶建立计数的记忆。布赖恩还建议我们动员孩子的家庭成员，教他们如何与孩子一起使用立方体。我们会让孩子把用于数数的立方体带回家，这样家庭成员就可以和孩子一起练习。当孩子在家里多次练习并获得成功后，家庭成员就会把立方体送回幼儿园。教师会核实孩子的进步情况，如果孩子成功了，教师就会在鞋带上增加一块立方体，以此类推。鞋带能够帮助孩子们至少数到20个立方体。"

"这种方法实在太棒了！"凯西大声说道。"当我看到自己原先担心的那个孩子获得成功后，我感到非常高兴！我们在班级里尝试这种方法，也与孩子的妈妈分享，孩子开始持续且准确地计数少量的物品。后来，我和他的妈妈都很高兴地看到他非常自信地在家庭聚会的数学游戏中计数物品。这一策略是非常成功的，我们园里所有教师现在都在使用它。我们还把这个方法推广到了孩子们的家庭

---

* 中线指的是一条看不见的线，它将身体的左侧与右侧分开。当孩子发展跨越身体中线的运动模式时，大脑会建立并加强跨越大脑中线的神经通路。这些通路有助于左右脑两个半球的相互沟通。两个半球的整合程度越高，大脑就可以更快速、深刻地思考，其灵活性和适应性也会明显提升。

中，如果家庭成员在这方面有一定的困难，我们就会与这些家庭达成协议，指派一位成人（如幼儿园的主任或助理教师）来代替家庭成员和孩子一起玩这类游戏，这样一来，每个孩子都能获得成长和学习的宝贵机会。"[6]

这个故事很好地展示了专业发展与实践相结合所具有的巨大力量。如果我们用"是什么？怎么办？现在该怎么做？"这一模型进行分析，其中"是什么？"指的是使用网格游戏培养计数技能。起初，凯西成功地按照她所学的方式运用了网格游戏策略。她通过观察孩子们在玩游戏时的计数策略来收集各种信息，从而发现下一个问题，即"怎么办？"。当凯西仔细观察时，她发现网格游戏策略并没有像她原先预期的那样适用于每个孩子。于是在观察的基础上，她决定在"现在该怎么做？"这一环节调整策略，即更加频繁地与那些使用之前的策略不奏效的孩子一对一地玩游戏。基于自己对于计数技能的了解，凯西将活动中的材料限制为较小的数量。当她与孩子们进行互动后，通过观察，她发现这个方法仍然行不通，于是提出了更多的问题。她想知道，为什么这个孩子有时候能数到10，但不能长期稳定地保持这个水平呢？为了做到这一点，这个孩子还需要掌握其他技能吗？既然目前的策略行不通，是否有进一步调整的办法？或者说，是否需要考虑不同的策略？

凯西从自己所受的教育、幼儿教育经验、参加的数学研讨会和自己的观察中发现，她需要获得更多的信息才能理解自己观察到的情况。在某次关于数学学习的培训中，凯西更多地了解到大脑发育对于计数技能的影响，也学习了一种新的策略，它似乎能解决她所面临的问题。凯西尝试使用这一新策略，同时得到了孩子妈妈的协助，孩子妈妈在家里也采用同样的策略支持孩子。凯西和孩子的妈妈都对这个孩子的反应进行观察。通过坚持不懈地探索各种各样基于儿童发展知识的策略，以及各种细致的观察，她们终于帮助这个孩子学会了计数。需要特别指出的是，凯西发现自己退后一步，关注儿童需要发展的更基础的技能，儿童就能从网格游戏中受益。现在，凯西和同事以及幼儿园的家长们有了教计数的新策略。在这个过程中，凯西与合作者建构了更大的框架，以理解和支持儿童计数技能的发展。

我们对"是什么？怎么办？现在该怎么做？"这一模式进行了概述，请你采用本章末尾的可复制模板"尝试新策略"完成你尝试使用某个新的教育策略的计划。

在实践新的教育策略时，你可能会遇到矛盾和困惑，因此必须通过以下两种方式中的一种获得新信息：一种是调整你有关学习和教育教学方面的已有知识；另一种是在你的知识库中增添新的概念。有关调整的一个例子，是我们在一次关于模式的研讨会中学到的。我们描述学龄前儿童通常如何了解模式：首先，儿童识别出一个模式，然后根据示例复制模式，接着扩展模式，最终创造出自己的模式。参加研讨会的教师们开始在班级里与孩子们开展更多与模式相关的活动，并观察孩子们的反应。一些教师注意到，有些孩子在识别出模式之前就能够扩展模式。我们在每场研讨会上都与教师们分享了这些观察，并且改变谈论儿童模式发展的方式。我们仍然描述理解模式的要素：识别、复制、扩展和创造，但是不再强调儿童要按照特定的顺序理解这些要素。与此相反，我们鼓励教师们观察儿童的反应以计划有关模式的活动。

在这个例子中，我们首先提出了一个关于学龄前儿童模式理解能力的发展顺序的假设。随后，根据我们与儿童直接互动的经验，我们对这一顺序有所质疑。于是，我们决定调整最初的假设，并引入一个新观点：发展步骤可能并不是按照某个特定的顺序进行的。教师对儿童反应的观察可能包括从注意学习领域的特定信息（如模式理解能力），到观察更宽广意义上的儿童发展（如儿童在某项技能完全发展之前的运动）。

 引导式问题：实践内容和策略

在学习新的内容和策略时，请思考以下问题：
› 你注意到了孩子们（或家长们）的哪些反应？

> 是否发生了意料之外的事情？它与你的预期有何不同？
> 你将如何确定新策略产生的影响？
> 哪些方法奏效？哪些方法没有奏效？你是怎么知道的？
> 你是否给予了足够的时间？
> 你想重复哪些做法？你想改变哪些做法？
> 你是否需要更多的信息或资源？

如果这些问题让你感到担忧，请考虑一下如何解决它们。
> 找到衡量策略有效性的方法。仔细思考你的目标、观察、孩子们的反应和参与情况以及基于预期技能的简短的儿童发展检核表。
> 给策略一些时间，想一想需要做出哪些改变，然后带着这些改变再试一次。不要担心重复。事实上，孩子们需要并且喜欢以重复活动的方式学习新的知识。

获取和运用他人的反馈

作为一名教师，你需要依靠他人帮助自己明确新方法所具有的影响。在教师成长的实践阶段，你要与同事合作，将新想法应用于儿童或家长。这些人的回应会帮助你微调新方法并整合新知识。

你可以从儿童对新策略的反应中学到很多东西。儿童的热情和兴趣是强大的动力。当你体验到这种成功时，你就会期望进一步完善自己的新做法。以下是专业发展项目中的教师们向我们反馈的一些例子，展现了孩子们在新的数学学习活动中表现出的兴趣。

✦ 孩子们非常兴奋。星期一早上，他们迫不及待地想看看本周估算罐里有什么东西。他们都很擅长猜测。
✦ 孩子们正在使用更多的数学词语。午餐时间，我听到他们拿着我们每天喝的牛奶，问："你认为，这有多少毫升？"

+ 他们在活动室里走来走去做实验，还会谈论数学，我之前从没见过。
+ 对于这个活动，孩子们刚开始并不那么感兴趣，但是现在你会发现，他们非常热衷于模仿教师的行为。在我的班级中，一共有4个孩子，每当有孩子走进活动室时，大家都会数一数活动室里一共有多少个孩子。

看到孩子们展现出对某个学科领域的理解或技能有所提升，是激励你继续努力的另一个重要动力。这是你教育教学的原因：为孩子及其家庭带来改变。当你看到之前在使用材料方面有困难的孩子取得进步时，你会感到兴奋，举例如下。

+ 现在，孩子们可以10个10个地计数。孩子们站在一起从1数到100。他们在小组合作时的表现也很出色。以前我从未见过这种情况，但是如今我看到了他们的成长。
+ 我发现孩子们在寻找问题的答案、计数和做其他事情时变得更加自信。
+ 许多在我们看来知识储备较少的孩子给我们带来了惊喜……当你以为他们没有在听时，他们会忽然转过身以优异的表现让你感到惊讶。

孩子们的反应会告诉你什么吸引着他们或改变你关于他们实际上能够做什么的期望。如果你曾怀疑新的做法，那么在看到孩子们所表现出的浓厚兴趣之后，你就会重新评估这些做法的实践价值。

当你和同事一起工作或者当你有机会与其他班级、教育机构建立连接时，你就可以和其他教师相互学习。

除了孩子们的反应，在教师成长的实践阶段，其他成人的反馈也具有重要的价值。当你和同事一起工作或者当你有机会与其他班级、教育机构建立连接时，你就可以和其他教师相互学习。你可以通过观察他人来学习。以下是教师们关于相互学习的作用的一些观点。

- 有一位好的合作教师是十分有帮助的，你可以观察他并向他学习。
- 通过观察其他教师如何开展教育教学，并尝试他们的策略，我对于早期数学教育的消极情绪有所改变。可以倾听他们使用的语言，自己使用与之相同的语言，同时观察儿童的反应。

正如以下教师所发现的，指导教师、教练和管理者也可以给你提供鼓励和新的想法。

- 我从教练那里得到鼓励。如果没有她，我想我不会在教育工作中走得这么远。
- 教练鼓励我们跳出思维定式，会这样提问"你能添加这个吗？"，鼓励我们多尝试，而我们自己可能无法做到这一点。

当你有机会与其他教师谈论新策略的实施时，你就会拓宽自己的学习视野。你会发现，大家都正在面临共同的挑战。当你和具有不同教育风格的教师交流时，你们就可以将新的想法融入对话中。你们可以从彼此解决问题的经验中互相学习。知道应对特定的学习活动或挑战的方法不止一种，可以增加你的选择。相互学习能够为每个人提供整合新信息的方法。

听取他人的观点，也可以帮助你重新审视自己的班级。有时候，当你与孩子们互动时，你很难发现问题产生的根源。与他人讨论，或者让他人观察并把观察到的情况反馈给你，可能有助于你发现那些被你错过的内容，或者从儿童或家长的角度看待问题。

其他教师还会帮助你理解社区环境和文化对于儿童学习的影响。例如，本章开篇故事中的阿万想知道如何教才能让班级中不太懂押韵的孩子了解押韵的概念。

当阿万向她所在的教育机构的其他教师分享自己的观察，即某些孩子无法理解押韵的概念时,她从一位同事那里了解到也许需要采用不同的方式才能教这些孩子学习押韵。于是,阿万决定收集更多的信息,同时继续在班级中尝试不同的策略。她与教育机构中的一位读写指导教师会面,这位指导教师与那些不太懂押韵的孩子来自同一个国家的同一民族,建议她和孩子们的家人谈一谈押韵这一问题。由此,阿万邀请这位指导教师参加幼儿园组织的"亲子阅读之夜"活动。在这个活动中,指导教师向家长们介绍了儿童图画书是如何使用押韵的,还用他们的民族语言为儿童及其家长创作了一些有趣但没有实际意义的押韵示例。

引导式问题:获取和运用他人的反馈

在你尝试新的内容和策略时,以下问题可以帮助你获取并运用他人的反馈:

> 他人(儿童、家长或同事)的反应告诉了你什么?
> 通过这一努力,你将如何促进团队合作?
> 你是否有机会与同事分享相关经验(如挑战和解决问题)?
> 环境(教育机构、社区和文化等)如何对反应、结果或者你对反应或结果的理解产生影响?你是如何知道的?
> 在调整方法方面,反馈是否给你带来了启发?

如果这些问题让你感到担忧,请考虑一下如何解决它们。
> 继续与团队成员沟通你的策略和目标。
> 询问同事他们看到了什么。
> 询问团队成员是否愿意尝试一种新策略或在你的课程中承担一部分引领工作。

教师成长中的这一阶段如何影响你的日常实践？

当你将新的知识付诸实践时，你就会把学习的内容转化为自己的内在知识，成为你教育故事的一个部分。请你使用本章末尾的可复制模板"'做中学'小故事"探索你是如何从实践中获得学习的。

专业身份：作为教师，你是谁？

当你处在教师成长的学习阶段时，你可能觉得自己无法掌控被要求学习的内容；而当你进入教师成长的实践阶段时，你能更多地掌控自己的学习。这需要你以教师的身份诚实地审视自己，并且愿意承担风险。你必须从不同的角度观察班级中发生的事情，包括班级中的孩子们及其家长、同事、合作者、指导教师以及管理者的角度。

在教师成长的实践阶段，无论是对待自己还是他人，教师都需要耐心、坚持性和灵活性。教师通常是自己最大的批评者。虽然有些人认为，儿童的成功取决于其智力或天赋能力，但是新近的研究表明，实际上，当儿童相信成功源自勤奋努力而非天赋品质时，他们就会更加成功。[7] 如果你用这种方式学习，作为一名教师，你也将更加成功。请记住，没有人天生就是优秀的教师。正如你支持儿童学习知识与技能，挑战他们的能力极限一样，你也可以用这样的方式对待作为学习者的自己。随着不断实践，你会内化和整合有关学习与教育教学的新的思考方式，而这个过程需要时间和重复。

> 请记住，没有人天生就是优秀的教师。正如你支持儿童学习知识与技能，挑战他们的能力极限一样，你也可以用这样的方式对待作为学习者的自己。

面对困境：你的实践内容和实践方式

明确地陈述你的困境，你就可以有意识地应对困境。投入一定的时间和精力进行有意识的反思，有助于你掌控自己的学习，也能支持你应对困境。

在教师成长的实践阶段，人们会遇到的一个困境是承担风险。当你练习一项新技能时，你就在他人面前或与他人一起承担风险。当你改变教育方法时，你知道自己的行为将会影响儿童、家长或同事。或许，你会担心教育方式的变化可能对别人产生负面影响，尤其是儿童。然而，你知道儿童也是激励你尝试新事物、接受挑战从而提升教育水平的主要动力。

实践阶段的第二个困境是安排优先事项。你可能担心自己在实践新策略时所花费的时间和精力会降低你在班级中的教育效率。这一困境将迫使你评估自己正在实践的策略是否值得你承担潜在的破坏性或失误，因为从长远来看它会带来更大的回报。

实践阶段的第三个困境是，随着学习逐渐深入，你的学习将变得更加困难。凯西寻找帮助儿童学习计数的经历就很好地表明这一阶段的复杂性。当凯西仔细地审视自己的目标时，她意识到必须更多地了解计数技能方面的信息以及支持儿童学习这一技能的更多方法。当你意识到学习对儿童来说有多么复杂时，你最初因教育变革而产生的兴奋感可能会逐渐消退。随着你取得一些成功，你也可能对自己和他人提出更高的期望。

在实践中不断完善新的策略时，你将经历同样多的失败和成功。你可以把失误或失败视为宝贵的机会来学习如何更有效地安排活动。

应对情绪情感

在教师成长的实践阶段，你可能难以应对自己的情绪情感。即使你喜欢与新的或矛盾的观点碰撞的某些方面，但是失衡感确实会让人感到不舒服。随着你更多地实践和学习，有时你会觉得自己很有能力，而在某些时候你也茫然无措。

当你严格地评判自己时，要反思什么有效、什么无效以及遇到困难的原因。如果你倾向于自我批评，那么你可以试着从另一个角度看待问题，把自己视为一个终身学习者。终身学习者总是充满好奇，喜欢探究问题，并愿意退后一步倾听他人的观点。他们从不停止学习，因为学习是一个持续的过程。他们努力从自己的错误中吸取教训。

当你在班级里尝试新策略时，请记住，坚持性是至关重要的。即使你尝试的策略并未带来预期的效果，你也要提醒自己继续实践。这将是一个机会，让你仔细思考新策略为什么没有达到预期效果。想一想，如何调整方法，或者只是再次尝试。正如一位教师所说："教育是一场大实验。我总是问'这样做有效吗？'，同时进行测试。这是一个漫长的学习过程。"

有时候，教师和教育机构的领导者忘记这样一个事实：实践新的互动需要时间和坚持性。要慢慢地引出新的实践，不要试图立即改变一切。你的耐心将会得到回报。从长远来看，这些变化将使班级里的每个人受益，包括儿童、家长、其他工作人员以及你自己。一位教师曾这样解释：

> 这是一个缓慢的过程——我们慢慢地引入数字，在墙上设置更多的视觉辅助，并把它们整合在一起。以前，班级中没有数学表格，它可以把科学和数学结合起来（现在我们增添了数学表格）。然后，我们添加了估算罐，这个也很有趣。一旦我们开始行动，一切就变得容易，顺理成章。数学无处不在。意识到这一点后，我们采用不同的方式更多地教数学，这使得孩子们想要更多地学习数学。

在第六章，你将探索自己教育之旅的第三阶段，即教师的分享和示范，这一阶段让你有机会将他人融入你的教育故事中。

注　释

［1］ Jean Piaget, *Biology and Knowledge* (Chicago: University of Chicago Press, 1971): 176.
［2］ Judith Longfield, "Discrepant Teaching Events: Using an Inquiry Stance to Address Student's Misconceptions," *International Journal of Teaching and Learning in Higher Education* 21, no. 2 (2009): 266–271.
［3］ George Forman, "Mirrors That Talk: Using Video to Improve Early Education," *Connections* (January 2002): 1.
［4］ Terry Borton, *Reach, Touch, and Teach: Student Concerns and Process Education* (New York: McGraw-Hill, 1970): 94–98.
［5］ Brian Mowry, "Engaging and Developing Young Children's Informal Number Sense" (presentation, Numbers Work! Institute, Saint Paul, MN, March 8, 2013).
［6］ Janet Jerve, "Janet's Story" (unpublished manuscript, September 19, 2014). Used with permission of the author.
［7］ Carol S. Dweck, *Mindset: The New Psychology of Success* (New York: Random House, 2006): 6–11.

尝试新策略

是什么?

你想尝试做什么?

你认为会发生什么?

怎么办?

是否发生了意料之外的事情?

什么奏效了?什么没奏效?

你是如何知道的?

现在该怎么做?

你想要改变什么?

你想要重复什么?

你需要更多的信息或资源吗?

"做中学"小故事

请想一想你在班级中尝试的一次不太顺利的（至少是第一次尝试不太顺利）教育经历。在这个过程中，你做了什么？其他人做了什么？你感觉如何？后来，你是怎样做的？你是否做了某些调整，并再次尝试？或者说，你是否还尝试了其他方法？现在，当你回想起这段经历时，你能从中学到什么（关于策略、儿童、教育教学或者你自己）？请把你教育实践中的这个故事写下来。

第六章

教师的分享和示范

阿布迪感到有些紧张。她即将在当地幼儿教育协会召开的一次会议上发表演讲。几个月前,她提交了一份提案,当她知道会议的组织者接受了自己的提案时,她感到非常兴奋。但是,现在她有些质疑自己的专业能力。几周前,她向教育机构中的其他教师分享了将数学融入日常活动的几种方法。那次分享活动进行得很顺利,但是阿布迪不确定是否能够在 90 分钟的发言时间内把自己的想法清楚地表达出来,她担心自己会无话可说。

教师成长的第三阶段是"教师的分享和示范",它建立在前两个阶段("教师的学习"和"教师的实践")的基础之上。在教师成长的第三阶段,你把自己学习和实践的内容与其他教师及家长进行分享。当你展示、培训或咨询时,你可能想要改变自己的职业路径,成为培训师、指导教师、教练或管理者。但是,职业的改变并不是影响该领域中其他人的必要条件。你可以通过各种方式分享和示范自己的经验及知识,与此同时,你仍然可以在班级中教儿童。

作为一名教师,你可以通过以下方式与他人分享:
+ 在员工会议上分享策略;
+ 在团队会议上主持讨论;
+ 与其他团队成员在班级中示范实践;
+ 在活动结束后分享哪些做法有效、哪些做法无效;

+ 对同事们的教育实践进行反馈；
+ 倾听同事们谈论他们与儿童一起尝试的经验；
+ 当策略行不通时，与团队成员示范解决问题的过程；
+ 邀请其他教师到你的班级中进行观察；
+ 与家长分享儿童的发展信息；
+ 提供建议家长和儿童一起开展的活动；
+ 为家长示范如何开展活动；
+ 在会议上发表演讲；
+ 撰写文章。

这份清单看起来有点长。虽然像阿布迪那样在会议上发表演讲是分享经验的一种方式，但这不是唯一的途径。与他人分享自己学到的东西会给你带来许多好处。在本章，你将探索自己在分享和示范中所学到的东西，也将深入地探讨它们对你的影响。

分享和示范的内容

像许多教师一样，你知道的可能比你意识到的要多。但是，如果你总是独自工作，或者只与一两个成人一起工作，你就不会有太多的机会表达自己的已有经验。你可能很忙碌，如果一切都进展顺利，你或许会在一天结束时心存感恩。当你开始分享自己的经验时，你可能会意识到自己需要在一天中多次进行现场判断，而其他教师渴望了解的正是这些判断。例如，他们想知道，你如何开展活动、遇到了哪些问题以及如何解决这些问题；也想知道，你如何把早期数学和读写融入班级的日常活动中以及孩子们对此有何反应；还想知道，你如何支持班级中的双语学习者学习社会情感课程。以下是教师们通常想从其他教师那里了解的话题。

教育策略

教育策略包括从特定的课程到个别活动的所有内容。教师们想知道什么样的活动吸引儿童，也想弄清楚自己正在学习的策略是否有效。培训师的知识很有帮助。对教师来说，倾听其他教师讲解自己如何开展大声朗读的活动、如何使用数轴、如何在大组和小组儿童中使用绘图以及如何处理行为问题等是非常重要的。

常规

教师们想知道，如何以有趣且富有吸引力的方式利用常规活动教概念性的内容。刚参加工作的教师往往觉得，常规活动只是他们要完成的任务。常规活动可能看起来像浪费时间，但当教师们听说某些班级中如何利用常规活动增强儿童的学习时，他们就会受到启发产生更多类似的主意。例如，天气十分寒冷时，在进行户外活动前穿上厚厚的衣服对成人和儿童来说都是既浪费时间又很困难。但在某个班级中，教师利用一个序列活动帮助儿童穿戴衣物。他们指导孩子们这样做：

1. 穿上雪地裤；
2. 穿上外套；
3. 穿上靴子；
4. 戴上帽子；
5. 戴上手套。

教师们每天都重复这个顺序。孩子们掌握了这个顺序后，就会更容易地穿戴衣物然后到户外进行活动。同时，孩子们也在学习一项与读写和数学都有关的非常有价值的技能：有序地安排事项。在过渡环节计数和在集体离开活动室之前念童谣，都是在常规活动中强化儿童学习的有效方式。

环境

创设班级环境需要教师做很多的决定。下面是教师在创设环境时可能提出的问题：

- 能否把积木区和角色扮演区安排在一起？
- 应该在数学区投放多少材料？
- 应该限制每个活动区中儿童的数量吗？
- 图书区应该靠近书写区吗？
- 应该如何处理那个形状奇特的角落？

在决定如何创设班级环境以及在活动区中应当投放哪些材料时，教师可能会忘记在整个班级中展示有关早期数学和读写的内容；或者在数学区投放太多的操作材料或安排太多的游戏活动，导致孩子们不知所措；或者忘记在一年中随着时间的推进而调整班级环境。当教师分享他们遇到的问题和自己的解决方案时，孩子们会因这个过程而受益良多。

教育决策背后的思考

由于教师在工作和家庭生活中十分忙碌，因此他们很少有机会分享自己对于教育内容的看法。如果教师抽出时间真正地讨论发展适宜性实践；如何将数学和读写融入教育教学，从而使儿童受益并缩小他们之间的成绩差距；如何将新策略与教育机构中的社会情感课程结合起来以及其他理论问题，教师就会更深入地理解自己在班级中所做的事情。这样的反思可以让教师灵活地支持儿童的学习。倾听其他教师表达自己的担忧、遇到的问题和面临的困境，也能帮助教师进行反思。

家长参与

教师希望了解其他教师如何让家长参与儿童的学习。分享观点、策略和问题可以帮助教师变得更加高效，也可以帮助教师互相审视自己对于儿童父母及其他家庭成员的假设。有的教师认为家长没有真正地关心儿童，因为他们没有像教师希望的那样进行回应。但是，真实情况可能与此不同。一些家庭成员可能感到害怕，或者忙于多份工作，或者不确定如何应对儿童从幼儿园带到家里的活动。例如，某个幼儿园的教师们因家长较少参与儿童的数学学习而感到担心。但是，教师们发现，当家长们获得关于开展活动的具体建议，并且看到孩子们对于活动的极大热情时，家长们就会非常兴奋。

教师们也想了解其他教师如何与家长分享自己的专业经验。当教师们一起交流经验时，他们发现有些教师给家长发送信息，告知家长可以在家中和孩子一起做的活动，从而帮助孩子学习他们在幼儿园学习的概念。他们也给家长发送最新的活动消息，向家长介绍班级开展的项目以及实地考察的情况。教师可以在"家庭之夜"演示如何玩游戏和大声朗读。有些教师在班级中张贴标牌，介绍儿童在不同的活动区中学习什么。这样一来，家庭成员在参观班级时，就会了解班级中正在发生的事情。

最后，教师们想知道其他教师如何与家长沟通。通过与同事的讨论，教师们学习如何倾听家庭成员谈论儿童的兴趣和经历，这将提供有助于儿童及其家庭的有价值的信息。

教师在分享和示范阶段需要的技能不同于他们在学习阶段和实践阶段需要的技能。在这个阶段，教师也需要直面各种问题和可能性。请采用本章末尾的可复制模板"分享和示范：从放松到自信"，反思你在分享和示范方面的放松程度。

培养自信

在教师成长的第三阶段，你会因自己对内容的掌握以及正学习和实践的策略的有效性而更有信心。你拥有自己的学习，而且渴望开展曾尝试的活动。

从某种程度上说，第三阶段是第二阶段（即教师的实践）的延伸。你仍在尝试接触儿童、促进家长参与以及学习新策略的新方法。然而，在这个阶段，你愿意与其他教师分享自己的知识与经验。你会非常自信地让其他教师观察你的班级是如何布置的、你的策略是如何建构的以及你是如何基于儿童的反应调整活动的。你知道如何解决问题。如果活动没有顺利进行，你将不再把自己看作失败者，而是寻找改进的方法。你学会如何解读评估数据并据此制订计划。你知道，如果根据孩子们的实际表现来设定目标，你就能找到有效的策略。换句话说，你有信心帮助孩子们学习概念性的知识，这将有助于他们成功地应对下一个挑战（比如学习新技能、升入更高的年级或进入新学校）。

在参与了一个关于儿童数学学习的项目之后，一位教师反思道："我觉得自己更有信心了，也更渴望让孩子们参与数学学习活动。在参加项目之前，除了计数，我想不出还能教孩子们什么，而现在，我们有更多适合他们年龄特点的音乐和游戏。"

即便你对自己的教育能力更有信心，教师成长的第三阶段也会让你陷入新的自信危机中。你可能想知道自己的经验或策略对其他教师来说是否有帮助和有价值。与其他教师分享这一想法，可能会让你对自己的技能产生新的怀疑。你可能会质疑自己的表达能力和写作能力，害怕在一大群人面前演讲。

你如何应对这一成长阶段，可能部分取决于你的性格类型。人们的性格类型通常介于外向型和内向型之间，而你具有怎样的性格倾向，往往也会受到环境和行为偏好的影响。外向型的学习者喜欢寻求新的体验，通常是小组中最先发言的人，喜欢结交新朋友；内向型的学习者在与他人互动之前会观察和等待，在小组中寻找自己认识的人，在回应某个请求或问题之前仔细地思考。[1]

无论你是外向型还是内向型的学习者，你都可以与他人分享宝贵的经验和信息。

如果你是一个偏外向型的学习者，那么你会发觉这个成长阶段令人激动，渴望展示自己，主动参与讨论并分享自己的策略。如果你是一个偏内向型的学习者，那么你很可能不太愿意在员工会议上发言，也不想分享自己的想法、困境和策略。无论你是外向型还是内向型的学习者,你都可以与他人分享宝贵的经验和信息。不管怎样,你都要牢牢地抓住这一阶段出现的新机会。

 引导式问题:培养自信

随着你对自己分享和示范已有经验的能力的信心逐渐增强,请思考以下问题:
- 当你在正式或非正式的场合观看其他教师展示自己的教育实践时,你从中学到了什么?
- 如果你被要求向其他教师展示教育策略,你会产生怎样的期待或恐惧?
- 在向其他教师展示自己的教育教学时,你可能会学到什么?
- 在向其他教师展示你的教育策略时,你会受到哪些支持?请具体描述一下。

如果这些问题让你感到担忧,请考虑一下如何解决它们。
- 如果你不愿意与其他教师分享,那么可以先试着做一些较为简单的事情。你可以与教育机构中的其他教师在一些非正式的场合会面和分享,可以在员工会议上做一次5分钟左右的简短演讲,也可以与其他人一起演讲,和同事分担职责和舞台会让你在他人面前发言时不会觉得那么紧张不安。
- 想一想从其他教师那里听到的哪些信息对你有帮助,并根据这一主题计划一次演讲。
- 请记住,分享实践时,你也要展示和说明。你可能更愿意邀请一位对你的教育策略感兴趣的同事和你一起教一天儿童。

分享内容和策略

在教师成长的第三阶段，你已经在学习领域中具备了知识和技能的基础。在你分享和示范知识及技能时，你会通过提问、反思和重新审视进一步深化自己的学习。

展示和写作可以帮助你深化学习。这是因为当你必须向他人解释时，你会审视自己对这个话题的理解。当你需要用语言将想法表达出来时，你必须认真地考虑自己为制订计划和引入策略所采取的步骤，也需要回答他人有关儿童如何反应的问题，还要阐明你通过试错做了哪些改变和调整。

构思演讲内容或者写下自己的观点，都需要你以一种新的方式思考你已经掌握的信息和技能。你必须仔细地考虑每个步骤，记住他人想要或需要知道什么才能理解你的观点。当你努力详细地解释自己采取的每个步骤时，之前理解的概念可能会变得模糊。你可能质疑自己当前的解读，在这个过程中，当你有了更深的理解时，请重组你关于信息的思考。

我们之前某个关于早期数学概念（基数）的经历，可以表明重组是如何发挥作用的。基数指的是计数一组物品时数到的最后一个数字，这个数字代表了该组物品的数量。当我们在研讨会上描述基数时，教师们很容易理解这个概念，但是我们以及所有的教师听众都不清楚这个概念对孩子们来说意味着什么。基数作为我们对一组物品数量的理解，并不存在于任何儿童发展框架之中。我们在培训和确定目标的会议中不断地回到对这个概念的探讨，花费了大概几个月的时间反复探索，终于弄清楚当儿童掌握这个概念时他们会有怎样的表现、当儿童没有掌握这个概念时他们会有怎样的表现。就这样，基数逐渐成为我们这个早期数学学习框架的一个组成部分。当教师们分享自己对所教儿童学习基数的观察时，他们就可以更容易地评估儿童在这方面的发展。

有时候，新信息可能与你以前的想法产生冲突。例如，当你正在做一个关于形状和空间感的演示时，你可能会发现，与你小时候在学校里的学习相比，有关形状的教育内容有所变化。当新信息和旧信息不一致时，你就会经历认知失调，即同时持有两个或更多相互矛盾的想法而产生的心理不适。类似的事情发生在我们主持的关于形状和空间意识的培训会上，当时我们分享了矩形和正方形的以下定义：

✦ 矩形有四条直边，四个角都是直角，对边的长度相等；
✦ 正方形是一种四边长度相同的矩形。

一些教师并不认为正方形是一种特殊的矩形，因为他们长期以来所接受的教育告诉他们，矩形和正方形是两种不同的形状。在他们的思维框架中，矩形和正方形是两种不同的形状，而且必须这么教儿童。这些教师对"正方形是矩形"这一新观点感到困惑和抵触。他们不想让孩子们也感到困惑，也不知道怎样解释正方形就是矩形。在多次讨论之后，教师们找到了应对新观点的逻辑并探讨了使用新说法介绍形状的不同方式。当教师们整合新信息时，他们对形状的理解发生了转变。

当你与其他成人分享经验时，你会知道自己不是唯一一个正在进行内部信息整合的人。你也可以鼓励其他教师整合新的思维并尝试新的策略。这种重新思考有助于教师认知能力的提升。

 引导式问题：分享内容和策略

当你与他人分享内容和策略时，请思考以下问题：
> 你想与他人分享什么类型的信息（例如教育策略、评估策略以及对课程的理解）？
> 在分享信息时，你是否需要对当前的假设重新进行思考？如果是这样，那么你会如何帮助他人应对这个新观点？

> 如果你正在分享一个教育策略或教育过程，那么你与他人分享的具体步骤是什么？例如：
  - 在开始之前，你需要做哪些计划和准备？
  - 你如何向孩子们介绍策略？
  - 你观察到了孩子们的什么反应？
  - 在策略方面，你做了哪些调整？为什么要做这些调整？
  - 还有下一步吗？

如果这些问题让你感到担忧，请考虑一下如何解决它们。
> 在面向其他教师演讲之前，请准备好你想要表述的内容以及所需要的材料。在镜子前练习，有助于你减少紧张感。
> 内容尽量简单，先从一两个观点开始，然后在自己的演示中加入细节描述。教师们想知道你如何引入活动以及他们可能看到孩子们会有怎样的反应。
> 分享你的思考如何转变以及具体的转变原因，会帮助其他教师处理新信息。
> 如果不想演讲，那么你可以通过其他方式分享和示范自己的专业经验。可以制订计划，与其他教师以非正式的方式在员工会议、团队研讨会上交流，也可以一对一地交流。此外，还可以尝试在教师交流具体的教育策略的社交网站上分享观点。

成人通常将自己的生活经验带入学习和教育教学中。当你学习与成人合作时，你需要学习如何认可并利用他们的已有经验来支持他们迎接挑战。

其他成人的参与

在教师成长的这一阶段，你正在学习如何让其他成人参与。演讲、写作和其他形式的分享都与内容有关，但是这也涉及让作为观众的成年学习者参与其中。成人通常将自己的生活经验带入学习和教育教学中。当你学习与成人合作时,你需要学习如何认可并利用他们的已有经验来支持他们迎接挑战。

从教儿童转变为教成人,需要教师使用新的教育方法。你需要学习、选择并采用更为恰当的新方法和新策略。虽然吸引学习者的目标是相同的,但吸引不同类型的学习者需要教师掌握不同的技能。一些用于教成人的方法如下所示:

- 提供实践活动;
- 提供讨论的机会;
- 认可并重视学习者以往的经验;
- 把理论和实际联系起来;
- 通过视频或亲自演示提供示范;
- 提供教师可以在班级中轻松实施的策略;
- 将策略分解为更小的步骤以说明如何计划和实施。

你需要得到他人的鼓励和支持,从而顺利地度过这一成长阶段。即使你对自己教班级中儿童的能力非常自信,但当你与其他成人共事时,你可能会害怕失败。管理者、主任、同事和朋友都可以成为你的有力支持者,在你思考如何分享自己的经验时鼓励你、督促你。例如,一位教师说:"读写教练真的为我打开了一扇门,让我看到了不一样的自己。我从来没有想过自己能做这个做那个。我的成长远远超出了自己的预期。"

在这一成长阶段,你还需要提高自己促进家长参与儿童学习的能力。你要弄清楚,哪些活动适合家长在家中和孩子一起玩。你可以先在班级里开展活动,让孩子们知道要求,由此可以教他们的家庭成员。你也可以利用"家庭之夜"以非强迫的方式展示和演示活动。

即使没有演讲或撰写经验,你也可以为你所在的团队和教育机构中的其他教师示范。你的示范会为其他教师的工作带来启发。当你在示范时,孩子们可能不会按照你的预期做出回应,分享此类经历有助于你和同事接受儿童群体的多样性,你将开始明白如何针对不同的群体(比如双语学习者或有特殊需求的孩子）调整策略。这种开放的态度将为学习共同体的建构打下基础。正如一位教师所指出的："每位教师都会带来不同的东西，当你置身于班级时，你就会从彼此的优点和不足中获得学习。"

> **引导式问题：其他成人的参与**
>
> 当你通过分享和示范让其他成人参与时，请思考以下问题：
> - 你已经通过哪些方式与其他教师分享了自己的教育理念？
> - 对于其他教师分享的观点和策略，你有何评价？
> - 和成人探讨策略与和儿童探讨策略之间有何不同之处？
> - 和成人探讨策略与和儿童探讨策略之间有何相同之处？
> - 如果你的听众是同事或较为熟悉的人，那么哪种演讲方式更适合他们？
> - 是否有其他人（如合作的教师、指导教师、教练或来自其他教育机构的同事）愿意和你一起演讲？
>
> 如果这些问题让你感到担忧，请考虑一下如何解决它们。
> - 邀请其他教师和团队成员与你一起演讲，这会为你减轻压力并分担工作。
> - 想一想研讨和演讲中的哪些内容对你有帮助，尝试将其融入你的教育教学。
> - 在做演讲时，你可以采用多种形式，如展示、"即做即拿"活动以及研讨。
> - 你如果使用社交媒体，那么可以考虑借助于网络探索并分享教育理念。

教师成长中的这一阶段如何影响你的日常实践？

你很可能在自己毫无觉察的情况下进入这一成长阶段。当别人请你分享经验时，这种情况可能发生。你可以通过正式的演讲或者在班级中通过非正式的方式分享和示范。无论你采取何种方式，周围人都会认可你的能力。如果你一直专注于班级里的孩子们，不太与更大范围内的学龄前儿童群体互动，那么这对你来说就是一种新的体验。尽管在最初阶段与他人分享自己的经验会让你感到不适，但是它会挑战你，让你成为更优秀的教师。

当你首次分享自己的技能时，你可能觉得演示或展示迫使你远离班级。无论是指导其他教师、准备演讲还是撰写经验，你都要花时间精心规划自己要表达的内容和表达方式。你需要决定在研讨会上使用哪些材料和事例，还需要在演讲、选用游戏或编制与参与者分享的工作表之前进行练习。

虽然这些准备工作很费时间，但你会发现它们对于你的班级工作非常有价值。这些准备工作可以为你提供机会进一步整合你学到的领域知识以及将内容和策略联系起来的方法。你会发现自己思考着如何组织活动以确保成功，并且想出更多有创意的好办法来吸引儿童。当你给一些术语下定义时，你可能会发现自己对某个特定的定义存有疑问，或者不能从班级中想出一个恰当的例子。这些挑战会推动你深入思考你的已有经验和教育方式。

当你处于这个阶段时，你可能会与来自其他教育机构的教师互动。他们可能有不同的理念或实践方式，并依据那些你不太熟悉的标准或行政结构来开展自己的工作。你可以与他们比较彼此的受教育情况和工作经验。当你发现自己能够为他人提供更多的东西时，你就会获得更多的自信。

专业身份：作为教师，你是谁？

这一成长阶段会巩固你的专业身份。作为一名幼儿教育工作者，你非常了解儿童发展、课程设计、领域知识、教育策略和评估，知道如何与孩子们建立亲密且信任的关系、如何根据他们的个体化需求调整教育教学。现在，你正在与其他教师分享自己在教育教学和学习方面的知识。通过这样做，你将因自己的经验而受到他人的认可与尊重。

当你与他人分享时，你就成为一名促进教师发展的引领者。教育机构中的引领者，如园长、管理者和教练等通常被看作教育教学方面的引领者，但教师也是引领者。作为一名教师引领者，你为其他教师树立榜样，分享自己的成功和失败，向大家展示自己在日复一日的教育教学和学习过程中的努力，回答有关活动和儿童反应的具体问题。作为教师引领者，下面是你要承担的角色。*

> 作为一名教师引领者，你为其他教师树立榜样。

- 资源提供者。你把一些材料和玩具借给其他教师，分享网站、书籍、文章和课程计划。
- 教育专家。当你分享有关读写和数学等领域的教育策略及活动，或者分享有助于儿童在学习环境中有更好的表现的方法时，你就是一位教育专家。
- 班级支持者。当你与其他教师在班级中共同工作、为他们示范策略，以及观察他们和给他们反馈时，你就在支持他们。
- 数据教练。如果你能有效地理解和利用数据来制订计划，你就可以帮助其他教师理解并使用他们的数据。
- 变革的推动者。你不断地提出问题，追求卓越。

---

* Reprinted with permission of Education Leadership Copyright Clearance. All rights reserved. Cindy Harrisonand Joellen Killion, "Ten Roles for Teacher Leaders," *Educational Leadership*, 65, no. 1 (2007): 74–77.

当你倾听教师们的经验、分享自己的策略和资源、帮助教师们根据数据进行理解和制订计划，包括你在内的所有人都将看到你为教育和终身学习所做出的努力。

为了深入思考你的引领能力，请完成本章末尾的可复制模板"如何成为一名教师引领者？"。

面对困境：你的实践内容和实践方式

就像其他成长阶段一样，在培训或分享策略时，你会遇到各种各样的困境。对其他教师进行培训需要你做出大量的决定，这与你在班级中教儿童一样。这些决定将带来困境。

包含哪些内容

当你计划开展培训活动或与其他教师进行会面时，你需要决定自己要分享多少内容。分享一些自己的事情有助于你的教育实践更有个人风格，但是更重要的是，你要仔细倾听听众提出的问题。换句话说，你要能讲故事，但需简短扼要。

你需要问问自己，倾听你的艰难经历是否有助于促进教师们的成长？你想讲述自己之前的困境（比如学业或社会情感方面的内容）吗？你是否愿意分享你与团队成员在策略实施方面的分歧？如果你谈论团队成员，是否会违反保密协议？

可以使用哪些材料

你将想要使用各种各样的方法，这样无论教师们喜欢哪种学习风格，他们都能接触到材料。有些人通过观看学得最好，有些人通过倾听学得最好，还有些人通过触摸和动手操作学得最好。因此，你要准备好视觉、听觉和动觉方面的活动。你可能会因自己要分享的大量信息和使演讲具有吸引力而倍感压力，但如果你以多样化的方式呈现信息，参与者就更有可能对你讲述的内容记忆深刻。下面是需要你事先或当场决定的问题：
+ 是否在演讲中留出接受提问的时间？
+ 在演讲中留出多少时间让大家讨论？
+ 我应该讲多少内容？
+ 我应该使用哪些视觉辅助工具？
+ 我希望展示哪些材料？

应对评论和挑战

当你向他人展示你的想法和经验时，你将敞开自己的心扉接受他人的评论、建议和批评。有些教师可能会质疑你的观点。想一想，你会如何应对这些反馈？你可以观察其他演讲者，看一看他们是如何应对反馈的。尽管这类对话看起来困难，但是它们将帮助你和其他教师用言语表达并应对认知方面的冲突。

平衡各种承诺

如果你发现自己经常演讲，你可能会问自己是否把太多的时间花费在了班级之外。在开展教育教学的同时进行分享和示范，这是一种平衡艺术。你可能需要自我审视，看一看自己是否平衡得很好。

以下是教师格温带来的一个故事。格温对自己在班级中教儿童和学习新策略感到兴奋，但是不想在研讨会上为其他教师展示自己的想法。她分享了自己在分享和示范的过程中对自己的了解。*

> 我很害羞，通常不喜欢成为众人瞩目的焦点，但当我被邀请在一个3月举办的数学培训活动中为60位幼儿教师展示数学活动时，我感到十分兴奋。我选择展示的教育活动包括使用估算罐和数轴来帮助学龄前儿童理解数字。
>
> 当孩子们早上来到班级时，他们被要求猜测估算罐里有多

---

* Gwen Dobson, 2014. Used with permission of the author.

少件物品。一位教师帮助孩子们把他们的猜测写在活动区白板上他们名字的旁边。白板上还有一个所有人都能看到的标有数字 1—20 的大数轴。在小组活动时间，我邀请孩子们帮忙计数和使用数轴确认估算罐里有多少件物品（见图 6.1）。

在为这次培训做准备期间，我认为："孩子们才是真正的明星。教其他人的最好方法是向他们展示我们的所作所为。"我只有 10 分钟的时间展示培训活动，于是决定录制一个 5 分钟的视频，从而节约一定的时间进行讨论和回答相关的问题。对于录视频这件事情，我并不感到紧张，因为我不打算展示完美无缺的东西。我想让它真实可信。数轴和估算罐学习活动是我从今年年初开始与孩子们共同开发的。随着时间的推移，我清楚地了解孩子们喜欢什么、哪些内容能够激励他们以及他们需要我做些什么来帮助他们学习。我和孩子们组建了一个学习共同体，共同掌控我们的学习过程。我已经积累了丰富的实践经验，知道如何应对不同水平的儿童、如何鼓励大孩子帮助小孩子以及如何确保每个孩子的努力都是成功的。之前如果有人让我在 9 月展示这个活动，我的回答会是"不"，但是此时此刻，我已经准备好了。

我一共做了 4 次演示，教师们按照分组轮流的方式听我讲课。教师们每次都会提出很好的问题，看起来非常感兴趣。我能看出这些教师有多么兴奋，其中的一些教师后来还直接走到我面前告诉我，他们打算在自己的班级里使用我演示的方法。这让我感到非常开心。我想："年纪轻轻的我竟然也能与其他教师分享令他们感到兴奋的重要的东西。"

1. 假设估算罐里一共有 12 件物品。

2. 在小组活动中,我把估算罐里的物品全部倒出来,提醒孩子们数字 0 的意思是空的,也就是什么都没有。

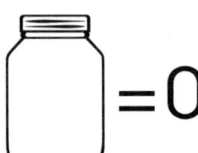

3. 然后,我让孩子们和我一起计数,我们一起数了 5 个数字,并把 5 件物品放回到估算罐里。当孩子们看到地毯上还留有物品时,他们就知道,原先在估算罐里的物品肯定超过 5 件。

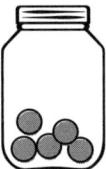

4. 接着,我让孩子们看一看白板,白板上有每个孩子的名字,在这些名字的旁边还写着孩子们估计的数字。我请孩子们想一想,应该把哪些数字擦掉。

> 贾斯廷 6
> 丹蒂 10
> 贾马尔 12
> 埃达迪 2
> 霍默 9
> 玛丽安 9
> 赛 3
> 约瑟夫 2
> 艾伦 13

5. 一名儿童助手走到白板前,擦掉了孩子们猜测的从 1 到 5 的所有数字。

> 贾斯廷 6
> 丹蒂 10
> 贾马尔 12
> 埃达迪
> 霍默 9
> 玛丽安 9
> 赛
> 约瑟夫
> 艾伦 13

图 6.1　格温的估算罐活动

6. 接下来，我们继续在估算罐里添加物品，这次我们又添加了 5 件物品。现在，全班的孩子都知道，原先罐子里的物品肯定不止 10 件了，于是儿童助手擦掉了 6（包括 6）到 10（包括 10）之间的数字。

7. 最后，我们对剩下的 2 件物品进行点数，孩子们现在知道估算罐里原先有 12 件物品。

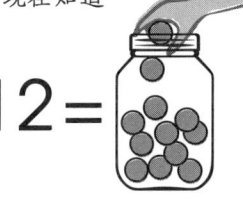

8. 全班的儿童开始查看是谁猜对了数字 12，猜对的人或者与数字 12 最接近的人通常会得到一张贴纸。

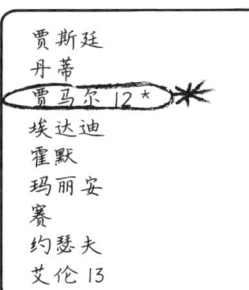

9. 儿童助手或教师在数轴上标出数字 12，然后向大家清晰地展示数字 12 在数轴上的具体位置。我们再次查看白板上的猜测数字，看一看是否有超过 12 的数字。我选出一个并在数轴上标了出来。我们对数字 12、超过 12 的数字以及小于 12 的数字都进行了讨论，同时在数轴上找到并标出这些数字的具体位置。

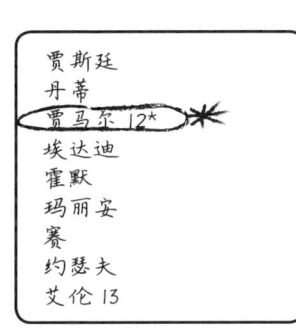

图 6.1（续）

应对情绪情感

当你开始与教师们分享你的经验和专业知识时，你可能会觉得自己还没有足够的能力。你很有可能意识到自己的一些策略在某些时候非常吸引孩子们，但也清楚这些策略在另外一些时候似乎并不奏效。不要害怕分享这些事实，这种坦诚的态度有助于你与其他教师建立相互信任的关系。如果他们相信你的真诚，他们就更有可能尝试开展你提出的活动。记住，你不是专家，这一点对你来说很有帮助。如果有人提出了一个你无法回答的问题，那么你可以说自己会去查询答案（然后查询这一问题并将结果告诉提问者）。向他人表明，你一直在学习。当你这样做时，你也给了他们学习的自由。

当你分享和示范时，你也会承担一定的风险，克服对自己能力的怀疑。当你面向一群人讲话或在会议上发言时，你可能会感到不自在。事实上，这些都是你成长历程中的正常感受。

你的感受以及你的反应会因为你是外向型的人还是内向型的人而有所不同。外向型的人往往迅速且主动地在员工会议上发言，而内向型的人可能会坐下来先看看别人的情况如何。外向型的人和内向型的人可以互相学习。如果你是外向型的人，在加入讨论或自愿发言之前可以先试着等一等，看看其他教师是否已经准备好了，他们或许有些犹豫，可能需要他人的鼓励来分享自己的想法。如果你是内向型的人，请尝试主动发言，看看后面会发生什么，同时选择一个你已经做过多次且对结果有信心的活动。

成功演讲的步骤

1. 决定你想要分享的信息。最好从一个较小的观点开始，而不是一个较宽泛的话题。

2. 为你的演讲准备一个提纲。

> 3. 把演讲的时间规划在 10 分钟左右，然后进行实践活动或讨论。
>
> 4. 设计适合所有学习者的活动。对于视觉学习者，你可以为他们提供讲义和幻灯片；对于听觉学习者，你可以大声朗读讲义中的部分内容，如有可能，也可以提供录音带或其他辅助工具；对于动觉学习者，你可以开展一些让小组成员动起来的活动，比如游戏、音乐、运动以及自由走动（参与者在房间里走动，到不同的桌子旁进行头脑风暴）。
>
> 5. 使用幽默轻松的表达方式和儿童故事，帮助参与者感到放松，并与你的演讲内容联系起来。
>
> 6. 反复练习你的演讲，这样你就能在必要时更加自如地进行调整。
>
> 7. 发放评估表，这将有助于你了解哪些方面需要保留、哪些方面需要调整。
>
> 8. 尽情享受演讲的过程吧！

既然你已经了解自己在专业成长过程中需经历的三个阶段，并且对自己的教育教学更加专注，那么你就可以利用这些知识应对新的挑战。但是，要记住，成长不是你独自一人的旅程。为了克服学习中的起伏和曲折，你需要获得支持。在下一章，我们将探讨哪些支持能够帮助你取得成功。

注　释

[1] Susan Cain, *Quiet: The Power of Introverts in a World That Can't Stop Talking* (New York: Crown Publishing Group, 2013): 11.

分享和示范：从放松到自信

我在以下情况中进行一对一分享会感到最放松：		我在具备以下条件时进行一对一的分享会最有信心：
我在以下情况中以小组的形式进行分享会感到最放松：		我在具备以下条件时以小组的形式进行分享会最有信心：
我在以下情况中以大组的形式进行分享会感到最放松：		我在具备以下条件时以大组的形式进行分享会最有信心：
我在以下情况中与他人共同演讲会感到最放松：		我在具备以下条件时与他人共同演讲会最有信心：
我在以下情况中以教练或指导教师的身份进行分享会感到最放松：		我在具备以下条件时以教练或指导教师的身份进行分享会最有信心：
我在以下情况中通过科技（使用社交媒体）进行分享会感到最放松：		我在具备以下条件时通过科技（使用社交媒体）进行分享会最有信心：

以下是一些供你反思的问题。

- 在你觉得轻松自在的情况下,你看到了哪些模式?

- 在你觉得自信的情况下,你看到了哪些模式?

- 这些模式表明你需要哪些支持来提高技能和优化策略?

如何成为一名教师引领者？

教师引领者可以承担多个角色：
- 资源提供者；
- 教育专家；
- 班级支持者；
- 数据教练；
- 变革的推动者。

请思考你在工作中所承担的角色，同时审视上述角色并回答以下问题。也许，你甚至没有意识到自己作为引领者的影响力有多大。

- 你曾承担过哪些角色？

- 你喜欢这些角色的哪些方面？

- 你遇到过哪些困难？

- 接下来，你想做什么？

第三部分

获得你所需要的

第七章

在教育之旅中获得支持

钱特尔刚结束了为期三年的早期读写培训项目。园长派钱特尔参加这一培训项目，是希望她向教育机构中的其他教师展示她学到的内容。钱特尔对自己学到的内容感到兴奋，也迫不及待地与同事们分享。她计划了两个不同主题的演讲，一个关于书写区，另一个关于语音意识。每个人都礼貌地聆听了演讲，但在活动之后，钱特尔发现大家的日常教育实践并没有改变的迹象。于是，钱特尔与园长坐下来，表达了自己的挫败感。园长听了之后，提出了自己的想法，觉得其他教师可能需要更多的支持才能做出钱特尔所建议的改变。最后，钱特尔和园长一起制订了一个新计划，为教师们引入了早期读写，并在一整年都对其进行持续的强化。

在这本书中，你对自己作为教师的个人旅程进行了探索。虽然这段旅程是你个人的，但它不是你在毫无支持的情况下独自一人的旅程。例如，在上述故事中，钱特尔和园长意识到不能只是将钱特尔有关早期读写方面的经验告诉其他教师，然后就期望他们在班级里实施策略。教师们需要更多的培训和辅导，以及尝试使用策略和评估儿童进步情况的机会。钱特尔在回顾自己的教育之旅时，想起自己在准备好如何向同事们介绍新的早期读写策略之前，需要时间、资源和练习。如果同事们打算采用这些策略，他们就需要同样的支持。

虽然你非常勤奋地提高自己的教育能力，但是如果你在工作的地方能够获得来自内部的稳定支持，你就可以更迅速地取得进步。你可以参加培训、获得更高的学位、分析自己对儿童的教育成果，但当你进行教育变革时，同事、教练或管理者关于课程、活动以及儿童对活动的反应的反馈是无价的。有了这些反馈，你就可以更有效地实践并完善自己的策略。培训结束之后，如果你没有获得持续的支持，那么你想将自己所学的知识转化应用于实践是极为困难的。[1]当你获得了支持，班级中从理论到实践的旅程，或者说从不同思维到不同行为的转变，会更有效和全面。

也许，你未曾考虑过自己需要哪些支持来深化知识学习并完善实践。像许多教师一样，你可能在很大程度上依靠自己。发现自己怎样能学得最好以及需要什么才能保持和深化自己的学习，你就可以与管理者合作收集你所需要的"加强剂"。你需要一些支持以促进你持续学习和探索，如培训、对自己学习偏好的了解、学习共同体或实践共同体、辅导、资源、与家长建立的伙伴关系以及组织支持。

培训

当你第一次学习一个新的学科领域时，培训一般是起点。教师培训通常是一种一次性的活动。你可能参加为期一天的研讨会，听讲师讲解一个主题。或者，你的园长可能派你去参加一个为期两小时的研讨会，然后就期望你很快地向其他员工展示新的想法或内容。尽管演讲者或培训师在培训会上展示策略或组织教师开展小组讨论，但是除此之外，他们不太可能为教师们提供更多主动的学习体验。你可能被期望在接下来的一周内将自己学到的内容付诸实践。然而，长期以来担任培训师的大量经验告诉我们，一次性的快速培训对于教师学习新内容和新策略是最低效的方式。已有研究证实了我们对此类现象的观察结果。但在以下情况中，教师参与专业发展项目更有可能是有效的：

+ 开展多次培训；
+ 包括主动学习；

+ 有具体且详细的概念；
+ 受众是已经合作过的教师小组。[2]

借助于教师专业发展项目，我们了解到，基于以上四点设计的培训项目更有效，也会为教师实践带来更多的变化。

开展多次培训

我们发现，教师随着时间的推移持续接触新内容，就会取得最佳的学习效果。例如，在某个数学项目的一开始，我们开展了较长时间的关于早期数学内容的入门培训，并在随后的三年中持续组织了多次深入探讨数学重点的较短的研讨会。这种长时间重复的接触能够帮助教师们强化他们对儿童以及儿童学习数学的方式的观察。教师们在所有的培训中都听到了相同的数学概念，但是随着时间的推移以及与儿童共同参与数学活动，他们对于数学概念的理解会发生变化。教师们可能质疑自己所学的内容，因为他们从亲身经验中获得了有力的支撑。

包括主动学习

我们所有的培训都涉及主动学习。在培训期间，我们展示或邀请教师们实践策略。我们在培训中安排了许多次头脑风暴式研讨活动以讨论话题。在数据反馈环节，我们请教师们反思自己在过去一年中所采用的策略以及这些策略对教育成果和儿童的影响。一位教师坦诚地说："我原先确实有些怀疑，心想'怎样才能让学龄前儿童参与呢？'，但是在培训期间，我听到了那么多演讲嘉宾的发言，也看到了他们的演示和视频，于是我想'我也能够做到'。"

有具体且详细的概念

我们详细地讲解相关概念。例如，在早期数学项目中，我们首先以一般概述的方式介绍早期数学的重点，然后在后面的培训活动中探讨具体的数学信息和定义。我们定义数学概念，并将其与班级中的策略联系起来。通过对教师行为的观察,我们强调教师如何实施策略以及这些策略如何与定义联系起来。我们采用非常具体的方式将信息传达给班级儿童,因此教师们清楚地知道如何以多样化的学习形式安排课程。培训师在培训期间经常提供资料,教师们由此可以立即尝试使用策略。正如一位教师所说:"培训给了我许多可以运用于班级的知识。"

受众是已经合作过的教师小组

我们将大部分持续进行的培训项目带到教师所在的幼儿园或学校中,尽可能地让所有的教职员工都参与培训。我们为所有的教育工作者(包括助理教师)提供信息,孩子们就可以从各类教育工作者那里获得类似的反馈和支持。如果教职员工都有机会接受培训、辅导和支持,他们的幼儿教育工作就会更加有效[3]。

同事之间可以彼此帮忙学习新的策略、评估课程的开展情况,以及在或好或坏的环境中相互支持。他们可以帮忙阐明定义,营造兴奋的学习氛围。我们项目中的一位教师在参与过活动后解释道:"我们让助理教师也一起参加培训,这样我们更能达成一致意见。他们会更有信心,可以帮助我们制订计划。"

我们项目中的教师也有机会参加会议和专业学会,了解新近的研究,发现关于教育教学、各种各样的领域知识和班级活动的新信息。教师们也会和其他教师交流他们曾经尝试的实践及其效果。展览大厅里经常展示新设备和新活动。教师们即便买不起新设备,观看它们也会给教师们带来有关活动开展的创意。

我们规划和实施培训的方式有助于支持教师的成长。你也可以将自己的想法付诸实践。如果你正在独自学习新方法或与所在的教育机构共同计划专业发展项目,请在你向前推进的过程中思考以下几点。

+ 如果你想了解新的领域知识(比如早期读写、早期数学或新的课程),你就可以计划参加一段时间的相关培训。你可以先学习入门课程,然后在一年的时间内参与培训。重复会帮助你处理知识,而且更重要的是,它会帮助你将所学内容应用于对儿童有效的策略中。

- 想一想，怎样才能影响那些制订培训计划的人？与同事和管理者分享培训内容列表，尤其是那些教职员工感兴趣的主题（比如社会情感发展或挑战性行为）。与他们交谈你和其他员工怎样才能获得最佳的学习效果。当你需要某个主题更多的培训时，可以告诉他们。
- 与同事一起参加过培训之后，你们可以分享自己所学的内容（包括挑战和取得的成功），在日常教育实践中应用新策略。有时候，教师们害怕承认自己不理解某个策略或方法，但是坦诚地交流可以为彼此提供空间分享各自遇到的困难。通过分享自己在某个培训中遇到的困难，你们可以一起深化学习。
- 寻找包含主动学习策略的培训，比如"即做即拿"活动、讨论以及身体活动。此外，确保讲师也描述了适合儿童的活动。
- 如果讲师在表述儿童如何学习或者学习什么的过程中有些含混不清，那么你可以提出自己的问题。
- 如果你发觉自己很难和同事一起参加教师专业发展培训项目，那么你可以考虑与其他教师组建学习共同体或实践共同体来开展有效的学习。
- 如果参加了或计划参加工作之外的某个培训项目，那么你要让同事和管理者知道你在其内容、演示模式或讲师方面发现了什么价值，也要自愿帮忙计划或引导持续进行的关于培训内容的对话，如读书小组等活动。

请使用本章末尾的可复制模板"培训偏好"，了解哪些培训项目会帮助你作为学习者获得成功。

学习偏好

在你对有关不同领域知识的培训项目进行思考时，也要想一想自己怎样才能记住信息并获得最佳的学习效果。你如果了解自己的学习偏好，就可以充分利用有益的学习机会。

> **有效培训的要素**
>
> 以下要素有助于你记住新的内容并做出改变：
> ☐ 有多少内容是以你的已有经验为基础的；
> ☐ 基础理论与教育实践的关联程度有多大；
> ☐ 你正在学习多少不同的概念，它们之间的相关程度如何；
> ☐ 你有多少机会实践和处理所学的内容；
> ☐ 你在应用新知识时有多少机会获得反馈和解决问题（学习共同体或实践共同体、辅导或指导，或者反思性督导）；
> ☐ 你将内容应用于实践时，通过提问探索内容的程度有多深。

学习的三个过程

很多框架可以帮助你思考自己的学习方式。其中，一个较具有实践价值的研究模型确定了学习的三个过程（包括幼儿教育领域中的成人和儿童），即直接指导（口头或书面）、观察（模仿）和自我构建式学习（行动和反思）。[4]在每个过程中，你可以识别出自己获得的知识和技能。例如，你可能听过一场以"大脑如何发育"为主题的会议演讲（直接指导），离场时能够更加理解为什么有些孩子以特定的方式应对压力。在教育实践中，你可能在观察其他教师的教育行为时形成自己的教育策略（观察和模仿）。当你反思自己的一天时，你每天都会建构自己的知识并以此计划第二天的课程（行动和反思）。虽然你使用各种学习方式，但是你很可能更喜欢其中一种方式。也许，你更喜欢通过观察了解班级儿童的发展情况，但在观察的同时阅读那些挑战或支持你的观点的读物是很有帮助的。

个人的学习风格

另一个探索学习方式的框架是个人的学习风格。个人的学习风格有助于我们了解自己接收、处理和储存信息的最佳方式。许多人都有学习方式上的偏好。根据你偏好的学习风格精心设计的培训项目往往会让你坚持得更久。以下是三种基本的学习风格（当然有些模型展现得更详尽）：

- 视觉型；
- 听觉型；
- 动觉型或触觉型。

视觉型学习者在能够看到信息的情况下记忆效果最好。如果只听不看，学习者的记忆效果就不太好。听觉型学习者需要能够听到信息，而不仅仅是看到信息。他们关注语音语调、语型变化和说话的速度，这有助于处理语言信息。动觉型或触觉型学习者在动手、做事和触摸东西时展现出最好的学习状态。他们喜欢在研讨会上制作物品和实践策略，对于过多的口头讲解会感到失望。[5]

如果作为参与者的你清楚地知道自己的学习风格，你就可以让培训师或管理者了解你的学习偏好。如果你是一名视觉型学习者，你就可以要求得到更多的讲义、图表或视频。如果你是一名听觉型学习者，你就可以借助于录音或讨论来强化自身的学习。如果你是一名动觉型或触觉型学习者，你就可以在参加研讨会时要求安排更多的操作、运动和演示活动。当然，你也可能是一个结合了多种学习风格的学习者，这样一来，尽管你有首选的学习风格，但是你也可以采用第二种学习风格来记住更多的内容。培训师通常知道，在研讨会上他们将面对具有各种学习风格的学习者，但是你的请求将帮助他们更好地回应个体差异。

要想进一步确定你的学习风格，请认真回答本章末尾的可复制模板"你怎样学得最好？"。

文化学习方式

通常，人们关于学习偏好的讨论聚焦于个体。然而，重要的是，要意识到你周围的人（如家人、朋友和社区成员）也会影响你的学习方式，而且这种影响从你很小的时候就开始了。这些影响涉及学习方式中的文化问题。文化心理学研究者芭芭拉·罗戈夫（Barbara Rogoff）曾深入研究人们如何从文化中获得学习，并在学习、解决问题以及日常活动中反映他们的文化。文化就在你的身边，就在你的体内，你持续不断地受到文化的影响。社区和家庭鼓励儿童通过观察并实践日常生活、仪式及庆祝活动来学习文化习俗。[6]

你的文化背景和成长经历可能会让你格外重视某种学习方式，如阅读书籍、聆听故事、动手实践或观察。因此，你需要认真地想一想，在你的成长过程中，你的家庭成员如何在一起学习以及你所在的群体重视什么。以下是一些你需要认真思考的问题：

- 你的家庭重视学校、教育和学习吗？
- 你家庭中的长辈会通过讲故事的方式传递信息吗？
- 你的家庭为你提供通过实践进行学习的机会吗？
- 想一想你的父母或其他某位亲近的成人曾教过你的东西，那个人是如何教你的？
- 你的家庭重视倾听还是表达？
- 在你的家庭中，人们之间的对话通常是什么样的？
- 你的家人认为学习是基于个人的努力还是集体的努力？
- 你的家人如何表明他们知道或理解某件事情？
- 你的家人如何表示赞同？

关注文化学习方式

理解和思考文化学习方式，是学习有准备的教育的重要组成部分。有些群体的文化看起来非常明显，其部分原因在于

> 他们的实践活动与主流文化有着显著的不同；有些文化则不那么明显。然而，我们每个人都有自己的文化。
>
> 对你来说，文化可能是隐藏的，所以你很难理解文化如何影响你。你可能觉得，自己家人的做事方式就是每个人的做事方式，坚信你的文化就是最好的文化或者是最好的做事方式。你可能误解或评判那些与你做法不同的人。这些判断有时会阻碍你与同事和家长沟通并建立充满信任的关系。
>
> 有准备的教师会探索和尊重儿童带来的所有文化，理解只有这样做才能为所有儿童提供最佳的学习条件。当你在班级中展示所有儿童的文化时，你就会为儿童提供机会学习知识和发展价值观。
>
> 想一想，你在班级中使用的语言、展示的图片、读给儿童听的书籍以及提供的玩具，并了解儿童的家庭，比如食物、餐具和音乐，强调其中的相似之处和差异之处（例如，所有家庭都吃饭，有些家庭使用筷子，而有些家庭使用叉子和勺子）。想一想，你如何与儿童沟通以及你希望他们如何与你沟通。想一想，在你的班级中，哪些东西对儿童来说是熟悉的，哪些东西是陌生的。想好办法让儿童的家庭成员参与你组织的庆祝活动、手工制作活动等班级活动。

当你来到一个与以往完全不同的文化环境之后，你才会注意到文化方面的学习差异。文化会通过以下方式对教育教学和学习产生影响。

- 有些文化强调团队学习，长辈在允许孩子们探索之前向他们演示，他们觉得这种方式能够更好地让孩子们完成一项任务；而有些文化强调独立学习。
- 有些文化重视个人的努力，认为这可以有效地激励儿童和成人；而有些文化强调集体的利益，以及个人的学习要有助于为集体做贡献。

✦ 有些文化要求孩子自由地表达自己的想法，并教孩子在说话时直视对方的眼睛，以此作为尊重他人的一种标志；而在有些文化中，孩子被教导低下头以表示尊重，并且要等待对方认可他们后才能说话。[7]

请你仔细地想一想，自己小时候是如何学习的。你可以学习跨文化的交流，尤其是在你充满尊重地尝试时。但是，你首先要了解自己的文化背景是如何深刻地影响着自己的学习和教育教学的，这样才是最有效的。

如果你想要进一步探索文化如何影响儿童及其学习方式，请完成本章末尾的可复制模板"文化学习方式"。

> 一旦你清楚地知道自己的最佳学习方式是哪一种，你就要寻找机会充分利用自己的学习偏好。

一旦你清楚地知道自己的最佳学习方式是哪一种，你就要寻找机会充分利用自己的学习偏好。没有哪一种学习方式比其他方式更好，它们只是有些不同。你可以尝试不同的学习方式，但是在学习新知识或解决某个重大问题时，你可能想使用自己感到舒适的学习方式。当你了解了自己的学习方式后，你就可以与培训师、教练和管理者沟通，让他们知道哪种方式最适合你。

学习共同体或实践共同体

教师或者教师所在的教育机构可以建立学习共同体或实践共同体，进而探索儿童的学习方式以及教师如何改进自己的教育教学以吸引儿童。有时，共同体会围绕特定的儿童学习主题（如早期数学、早期读写或社会情感支持）展开讨论；有时，共同体也会讨论从数据中获知的信息以及希望改进的地方。一般来说，共同体具有如下特点：

✦ 专注于学习；

- ✦ 合作解决问题；
- ✦ 参与现实生活；
- ✦ 演示策略；
- ✦ 持续评估并留出时间进行反思。[8]

学习共同体或实践共同体指的是一群专注于共同的活动和目标的人通过一起学习组成的团体。通过互动，成员们一起努力改善自己的教育方式。教师们聚在一起，共同成为更好的教师。[9]

你可以组建或加入由个体教师组成的学习共同体或实践共同体，教师们有着共同的兴趣以提高自己的教育水平。你和共同学习者可能是同事，也可能不是同事。或者，你的管理者或你所在的教育机构也可能通过要求大家聚在一起讨论教育实践来组建学习共同体或实践共同体。[10]对教师来说，这两种方式都是有益的。有了这样的学习团体，你们可以：

- ✦ 一起努力解决问题；
- ✦ 分享策略；
- ✦ 共同探索数据；
- ✦ 发现哪些方法有效、哪些方法无效；
- ✦ 更多地了解领域知识；
- ✦ 反思自己的成长。

重点不应该是完美，而应该是你们的学习方式。学习包括犯错。当你能够以开放的方式与其他教师分享自己的一些错误时，他人就会轻松地承认自己也有犯错的时候。然后，你不仅可以从自己的错误中获得学习，也可以从他人的错误中获得学习。

教师们经常开发策略和方法来深化儿童的学习。当他们在学习共同体或实践共同体中分享这些策略和方法时，其他教师也可以尝试。例如，在我们的读写项目中，一位教师和孩子们共同创作了班级图书。在制作的过程中，孩子们画图或在教师的帮助下写字，或者讲述故事让教师写下来。当其他教师看到这种方法在儿童和家长中取得成功后,他们也开始尝试创作图书。在第六章,你曾了解格温老师用估算罐和数轴建立常规的故事。她所在的教育机构中的其他教师借鉴了她的建议和演示,并把它们应用在自己的教育实践中。

可以用许多种方式组建学习共同体或实践共同体。有时,它们是正式的,会定期组织研讨活动;有时,它们是非正式的,比如教师们在一天结束时分享策略或聚在一起讨论如何解决班级中的某个问题。

辅导

教练有时被称为"教学教练""指导教师"或"儿童行为干预方面的专家",为教师提供培训和支持,提高教师将数学、读写、社会情感策略及其他重点内容融入教育教学的能力。在幼儿教育领域中,辅导越来越普遍,它是拓展和强化教师学习的另一种方式。

人们可以通过多种途径获得辅导。有时,教师专业发展项目专门聘请一些教练为项目中的教师提供持续的培训和支持;有时,教育机构指定某位员工为其他教师提供关于各种各样主题的辅导;有时,教育机构聘请教练指导新手教师;有时,教师们被要求以同侪互助的方式互相指导。

如果你有教练,那么无论你们之间的关系是如何建立的,这都会支持你拓展和深化自己的学习。你的教练可能会使用如下策略。

示范。 教练通常与一小群儿童一起做活动并示范学习策略。即使你无法完整地观察整个课程,你也可以观察教练与儿童互动以及指导儿童的方式。之后,你可以请教练解释为什么投放他所带来的材料以及如何看待儿童的反应。你也可以分享自己观察的内容。下一次,你就可以在实践中尝试教练的方式,看一看效果如何。

培训后的跟进。 在培训课程结束后,教练可能会询问你的想法,比如是否有问题、是否愿意尝试一些新想法。这种培训后的跟进有助于你记住培训中的活动内容。当你陷入繁忙的班级工作中时,你很容易忘记

自己在培训中学到的内容。

投放材料。教练可能投放材料，这些材料与你的学习主题相关或者与你所在的教育机构中的特定儿童有着密切的关联。教练通常提供培训中提到的材料，这样你就可以更快地实施自己的想法。

观察。教练可能观察你的课程、班级以及你班级中的儿童。教练观察你的教育教学，会帮助你想出更具体的策略以促进儿童的学习与成长，也会关注个别儿童的学习需求。教练分享自己的观察结果，可以帮助你从新的角度审视自己以及自己的教育方式。

提供反馈。教练可以提供建议，使课程变得更加有效，或者与你讨论你想改变或保持的内容。教练可能就环境、过渡环节、主题以及小组中儿童的学习需求提供建议。正如一位教师所描述的："教练观察并给出个性化的指导和建议。她非常投入，不遗余力地寻找额外的资源来帮助我。"

设定目标。教练能够帮助你为每个儿童以及整个班集体设定目标。你们不仅可以一起设定目标，还可以根据儿童的兴趣和学习风格集思广益。

评估。教练可以帮助你设计工具来评估和了解儿童在某些特定领域的进步情况，也会评估儿童，让你全面地了解儿童已经掌握了哪些知识、具备了哪些能力。

与教练、指导教师或专家合作是一个互谅互让的过程。在辅导关系建立之初，你有可能会因为另一个成人与你一起工作并给你反馈（有关这方面的更多信息，请参见本书第八章）而感到担忧。然而，如果你积极地听取教练的反馈并且分享你的儿童教育目标，你们就会建立良好的关系，以丰富你的教育教学并有助于你的专业成长。

> 与教练、指导教师或专家合作是一个互谅互让的过程。

有时，给你分配的教练可能有些疏远，或者做事心不在焉，你会觉得教练很难帮助你学习新策略或改进你的教育实践。在这种情况下，你首先要和教练谈谈自己的担忧，确保你的反馈是具体的。例如，你要告诉教练他参加既定的观察活动或会议迟到了，这样说出来很难，但你可以描述他的迟到对你的计划和教育教学的影响。如果教练的语速过快，那么你可以指出这一点并请他放慢速度；如果你觉得问题的焦点是教练如何做事，而不是发展你的优势和支持你应对挑战，那么你可以花一些时间写下你打算改善自己的教育实践的具体目标，然后与教练分享这些目标并希望他帮助你实现目标。这些反馈将有助于你与教练更高效地合作，也有助于教练提高整体工作效率。如果你对于辅导关系还是感到失望，你就要与管理者沟通以确定后续步骤。对教师来说，拥有教练的支持是一个非常难得的成长机会，希望你不要轻易浪费这个机会。

资源

教师拥有与学习内容密切相关的资源，就能更快、更有效地实施新的教育策略。我们为数学和读写项目中的教师们提供少量资金，让他们购买用以实现目标的材料和设备。参与这些项目的教师对于他们获得的材料表现出极大的热情。这些材料让他们在培训中一听到新的想法就可以尝试，并且给他们灵感尝试新的做法。尽管资源总是受到人们的欢迎，但如果你从培训和辅导中获得信息，并将其运用到适宜的框架或情境中，那么这些资源就会是最有帮助的。

你可以在低价商店和旧货商店中寻找资源。或者，你可以使用每年的指定资金购买新材料，以增加孩子们对某个领域的兴趣。如果你有教练，教练也可能带来对你有帮助的材料，比如用于早期数学学习的网格游戏和路径游戏以及用于读写学习的图书和歌曲。

此外，你还可以使用以文章、书籍、传单和通讯的形式出现的阅读材料。这些资源将提供各种各样的想法、理论和具体的活动，你可以根据班级中孩子们的情况进行选择和调整。

互联网是另一个十分重要的灵感来源之地。我们早期数学项目中的一位教师蕾切尔就曾在网站上读到"低结构材料"（loose parts）理论。建筑师西蒙·尼科尔森（Simon Nicholson）于1972年提出这一理论。他认为，如果在活动室和户外活动场地中让孩子们使用诸如沙子、螺栓、布料及木棍之类的低结构材料进行玩耍，孩子们就会更有创造力。低结构材料没有固定的使用方式，孩子们可以以新颖、有趣的方式自由地组合和使用这些材料。基于这一理论，蕾切尔在一个大盘子里摆放了各种物品，如自然材料（木棍、贝壳和橡子）、建构材料（螺母、螺栓等工具）和专门用作计数的彩色小玩具。蕾切尔班级中的孩子们探寻出许多游戏的方法，他们利用这些低结构材料进行计数、排序、创作图案以及与积木等其他操作性材料结合使用。蕾切尔利用自己发现的办法改变活动，以鼓励儿童思考和反思，尤其是在早期数学方面。低结构材料逐渐成为蕾切尔班级常规中的一个重要组成部分（关于蕾切尔的更多故事，请参见本书第九章）。

与家长建立伙伴关系

让家长融入你的教育之旅，你会获得意想不到的支持。作为一名教师，你已经接受了如何与儿童相处的培训，但可能没有接受如何与家长相处的同类培训。父母是孩子的终身教师。家长们都希望自己的孩子获得成功，因此让家长参与儿童的学习过程是有意义的。

抚养年幼的孩子是一项具有挑战性的任务，有时一些家庭成员在与你见面时会表达自己在面临这一挑战时所感受到的挫败感、焦虑和担忧。他们似乎期望过高且缺乏耐心，但是实际上，他们可能只是不知道该为孩子做什么。他们也许担心孩子的入学准备问题，或担心孩子在家中的行为举止。他们可能感到有压力，或者从朋友和亲戚那里得到如何让孩子在班级中取得进步的建议。如果家庭成员在孩提时代在幼儿园度过艰难的时光，那么他们可能害怕参与孩子的教育，不知道自己应该做些什么，或者害怕听到你对他们的评价。

误解儿童家长的话很容易发生，你可能不确定如何应对他们。但如果围绕孩子的需求积极与家长建立伙伴关系，你就会发现家长是极好的支持和反馈资源，尤其是在你参与一个新项目、学习一门新课程或者和孩子们一起尝试新策略时。如果你打算围绕教育教学中的变化与家长建立伙伴关系，那么以下建议将是有帮助的。

+ 通过多种方式（如会议或非正式的交谈）与家长沟通你正在做出的改变。
+ 分享你对于自己正在进行的改变的兴奋之情。
+ 指出改变将如何使他们的孩子受益，特别是在学习方面。
+ 在开放日活动中，向家长提供介绍新策略的传单、小册子或文章。
+ 介绍适合在家庭中开展的亲子活动，并且给出具体的指导建议。
+ 在将亲子活动介绍给家长之前，在班级中先与孩子们一起开展这些活动，这有助于孩子们知道该怎么做，由此可以在家里向家庭成员展示。
+ 对儿童的发展情况进行评估，并将结果与家长分享。告诉家长，你将如何使用这些结果，以及家长们可以做什么来帮助孩子。
+ 举办家庭日活动或家庭郊游活动，其间介绍你的新计划，比如开展数学游戏或图书朗读活动等。
+ 向家长示范如何与孩子一起玩游戏或阅读图书，并展示孩子们在活动中学到了什么。
+ 与家长谈论他们的文化。在班级环境、教师语言和活动中体现这些文化。在创编游戏或选择图书时，要确保它们展现了你所在的教育机构中的文化。
+ 询问家长，孩子们对于自己在班级中学到的东西是否感到兴奋？孩子们渴望参与从幼儿园带到家里的活动吗？如果孩子们不是很感兴趣，那么家长建议如何让孩子们参与呢？

请参考本章末尾的可复制模板"吸引家长参与"，反思你目前是如何鼓励家长参与班级活动的，这将为你加强与家长的伙伴关系提供思路。

在开始阶段，当我们要求教师让家长参与儿童的早期数学和读写的学习时，教师们这样说：

✦ 他们不会做我们建议在家庭中做的活动。
✦ 他们不会来参加家庭日活动。
✦ 我不知道该怎么做才能让他们对这个活动感兴趣。

这些话表明，教师们对自己与家长之间的关系很失望。慢慢地，教师们开始与家长们谈论自己的新策略。他们发现，家长们乐于提供支持并对教孩子数学和读写感到兴奋。很多家长参加了"数学之夜"和"图书伙伴"活动。家长们不仅在班级中与孩子们一起玩各种游戏，还在家中继续开展此类活动，甚至向教师询问更多可以在家里开展的活动。一位教师反思道："与家长合作，有助于我们掌控儿童的学习目标。我们周一把活动送到儿童家中，周五收到家长的反馈。如果儿童没有掌握某项技能，那么我们会与家长合作持续开展这一活动。"

家长们的反应表明他们有多么希望孩子学习并且对学习感到兴奋。如果你从这个假设出发，就能找到让家长参与的机会。在我们的项目中，教师们有时尝试的策略不太奏效，家长们不参加家庭日活动或没有完成在家里做的活动。教师们虽然有些失望，但是他们没有放弃。他们思考如何改变家庭日活动和在家中做的活动的呈现方式，从而吸引家长更充分地参与。教师们这样做得越多，就会越自信且富有创造力，家长们的反应也越是热情。家长们将自己视为儿童学习过程中的合作伙伴。一位教师回忆说："我们为孩子们准备了帆布活动包并让他们带回家。在班级中，教师首先指导活动，然后孩子们回家向家人展示活动。家长们很兴奋，看到了孩子在做数学活动。"

> 家长们的反应表明他们有多么希望孩子学习并且对学习感到兴奋。如果你从这个假设出发，就能找到让家长参与的机会。

教育机构的支持

为了更好地帮助教师成长,教育机构需要建立必要的基础设施以支持教师获得成功。教师可以独立完成这些工作,但是教育机构如果将教师的专业发展作为优先事项进行考虑,就会出现更高效的教育教学、更令人满意的教师以及更持久的儿童和家长工作。以下是教育机构支持教师成长的一些方法。

*提供持续的培训。*教育机构可以为员工提供持续的培训,而不是一次性的培训。这种培训要提供主动学习的理念,以及教师与儿童探索材料的方法,还要为教师提供辅导、讨论和材料等后续的支持。许多教师随着时间的推移逐步学习。他们学习特定的内容和策略,然后回到班级中尝试实施并观察孩子们的反应。当教师在工作中再次听到学习过的概念时,他们就会有更深刻的理解。管理者有时仅安排为期一天的研讨会,并期望教师立即做出改变,这是不太现实的。教育变革需要时间、重复和反馈。持续的培训是一个强大的工具,尤其是在一年中持续进行的培训。

*安排时间。*在幼儿教育机构中,时间总是非常宝贵的。教育机构通过为教师的培训、讨论、规划和评估留出一定的时间,表明将教师的专业成长置于优先考虑的位置。

*提供见面交流的机会。*教师需要有机会与教练和其他教师会面,进而形成对其持续的专业发展有价值的学习共同体或实践共同体。这一方法不仅涉及预留会面的时间,还涉及提供会面的场地、阅读材料以及持续关注教育和指导的领导力。定期会面交流有助于教师学习利用时间重点探讨与幼儿教育直接相关的问题。

*为教师的专业成长筹集资金。*幼儿教育机构通常都面临着资金紧张的困境。但是,即便教育机构无法提供大量的资金,为教师培训、购置新材料、实施课程和评估提供资源安排预算也会表明教育机构努力促进每一位教师的专业成长。事实上,对于教师发展的投入非常有益于儿童。

*建立收集和分析数据的体系。*若教师能够将数据与策略联系起来,

他们就会更有准备。教师在实施课程后看到孩子们的评估结果，就会更容易反思自己的教育教学。即使教育机构提供了通过评估系统获得的数据，教师也无法立即看到结果，进而根据它们进行分析和计划。或者，教师只能看到自己班级中个别儿童的评估数据，不能看到所有儿童的评估数据。教师需要了解这两类数据，而且最好通过图表、图形等条理清晰的方式呈现。如果教师们一起查看评估结果并探讨结果产生的原因，他们就可以更好地分析。建立评估和分析体系一开始会有些困难，教师们可能产生抵触情绪。与教师们沟通，告诉他们这是一个学习机会，而非惩罚，这一点很重要。这一过程一旦成为常规，教师们就会重视从中获得的信息。

与家长建立联系的方法。家长参与孩子们的教育，孩子们通常就会有更好的行为表现。有时，家长没有回应教师的建议，这会让教师感到沮丧。教育机构可以通过分发小册子、成立借阅图书馆、开展郊游活动以及创建宣传板等方式在家长和儿童之间建立必要的桥梁，以巩固教师和儿童正在探索的概念。

在本章的开篇故事中，你读到了钱特尔面临的困境。钱特尔想让自己的同事们都参与项目学习，从而为教育机构中的儿童提供早期读写经验。她希望建立一个学习共同体，让所有教师分享哪些方法有效、哪些方面需要加强。然而，钱特尔发现，她向同事们所做的关于早期读写的演讲并没有帮助他们实施相关策略。同事们缺乏热情，钱特尔对此感到失望，于是决定和园长见面交流。她们一起制订计划。园长知道，这个有关早期读写的倡议会帮助她们所在的教育机构中所有的教师都变得更高效和更有准备。因此，她为教师们安排了持续的培训，每个月都留出一定的时间让教师们聚在一起讨论培训的内容以及教师们在班级中正在开展的早期读写活动。她还每个月观察一次每位教师，并和教师们定期会面，共同反思他们的教育工作。教育机构的预算十分有限，所以园长申请了一笔拨款以购买更多的图书等阅读材料。钱特尔见到园长后心情有所缓解，她支持园长所付出的努力，也很兴奋成为关注儿童及其学习方式的共同体中的一员。

倡导获得教育机构的支持

教师如果不能得到教育机构的充分支持（如培训活动、计划时间、休息时间以及适当的师幼比例），就会影响整个教育机构，包括儿童、家长和教师。如果你觉得需要获得更多来自教育机构的支持，你就可以把这个需求看作改进教育机构的机会，将其视为一个为了维护全体人员的利益而解决的问题。这意味着，你有责任帮忙解决问题。

在与管理者或主任会面之前，请你花一些时间确定问题所在。如果有可能，可以用清晰的语言描述问题，将其写下来。回答这个问题：你觉得自己需要得到教育机构的哪些支持？接下来，可以借助于案例说明提供这些支持会为教育机构带来哪些益处。同时，根据教育机构的实际情况，思考可能的解决方案。例如，如果你认为现在主要的问题在于大家缺少足够的时间谈论培训、实践各种新策略、制订计划以及开展评估工作，那么你就要找出这个时间。找时间需要权衡，例如轮流午休，这样团队中的一半人就可以在这段时间参与研讨活动，或者将通知类的会议替换为具有相同内容的书面传达方式，要求每位成员在阅读后签字确认。或者，如果教育机构缺少培训资金，你就要思考如何筹措更多的经费，比如利用赞助机构提供的奖学金、筹集专门用于员工培训的资金。

不要以抱怨者的身份而应以问题解决者的身份与管理者或主任会面交流。你要表明自己愿意和他们一起努力，假设你们都致力于提高教育机构的质量。尝试安排一次专门的会面，与管理者或主任进行沟通。如果你说出自己的想法并提供一些书面材料，他们就会真切地感受到你对于这一合作事宜的态度是严肃的。

如果你所在的教育机构存在某些问题，你就有可能感到无助，觉得自己无法影响那些最终做决定的人，也不希望给他人带来麻烦。然而，有许多办法可以帮助你找到解决方案，举例如下。

- □ 通过头脑风暴的方式探讨可能的解决方案，例如与部分员工和家长合作，想出应对家长参与问题的新策略。
- □ 重新思考时间表，例如在午休时间轮流参加在线培训。
- □ 交换职责和工作任务或把某些事情暂时放一放，例如询问其他教师是否愿意在你帮助一位同事学习新的在线评估系统时主持小组活动时间。
- □ 成为教师分享的志愿者和促进者，例如主持阅读讨论活动，或分享你在研讨会上学到的成功策略。

在教育之旅中获得支持是至关重要的，这将有助于保持你的成长。在实施教育变革的过程中，一开始你可能充满热情，但是随着时间的推移，你可能会发现在日常活动的基础上继续努力推进变得越发困难。你很容易因不断产生的新需求而感到疲劳。你需要获得外部的支持，如你所在的教育机构和共同体中的其他教师，以及管理者、家长以及儿童。为了确定你作为教师已经拥有的支持，并弄清楚自己可以在哪里获得更多的支持，请完成本章末尾的可复制模板"支持圈"。

作为一名教师，你的成长并不总是一帆风顺的。你需要获得启发、鼓励和反馈。有了这些支持，你就会探寻到绕过障碍继续前行的方法。

注　释

[1] Susan M. Sheridan, Carolyn Pope Edwards, Christin A. Marvin, and Lisa L.Knoche, "Professional Development in Early Childhood Classrooms: Process Issues and Research Needs," *Early Education and Development* 20, no. 3 (2009): 377−401.

[2] Ravay Snow-Renner and Patricia A. Lauer, *McRel Insights: Professional Development Analysis* (Denver: McRel, 2005): 6.

[3] Alma Fleet and Catherine Patterson, "Professional Growth Reconceptualized: Early Childhood Staff Searching for Meaning," *Early Childhood Research and Practice* 3, no. 2 (Fall 2001).

[4] David Riley and Mary A. Roach, "Helping Teachers Grow: Toward Theory and Practice of an 'Emergent Curriculum' Model of Staff Development," *Early Childhood Education Journal* 33, no. 5 (2006): 363-370.

[5] Catherine Whitehead, "Definition of Learning Style," eHow, accessed September 17, 2015.

[6] Barbara Rogoff, *Developing Destinies: A Mayan Midwife and Town* (New York: Oxford University Press, 2011): 257.

[7] Louise Derman-Sparks and Julie Olsen Edwards. *Anti-Bias Education for Young Children and Ourselves* (Washington, DC: NAEYC, 2010): 56-60.

[8] Violet H. Harada, Debora Lum, and Kathy Souza. "Building a Learning Community: Students and Adults as Inquirers," *Childhood Education* (Winter 2002-2003): 68-71.

[9] Judy Harris Helm, "Building Communities of Practice," *Young Children* 62, no. 4 (2007): 12-16.

[10] Ibid.

培 训 偏 好

教师培训的安排方式会影响你的学习效果。请仔细查看下面的列表，想一想哪种培训将有助于你作为学习者获得成功。哪种搭配最适合你？

培训方法	我喜欢这种培训方法（是的，不是，有时是）	为什么？	这种方法的缺点
安排时间交流想法			
反馈			
听专题讲座或专家演讲			
观看视频			
在线学习			

(续表)

培训方法	我喜欢这种培训方法 （是的，不是，有时是）	为什么？	这种方法的缺点
阅读材料和相关研究			
动手实践			
小组学习			
大组学习			

- 你在培训时间（如在什么时间进行、持续多长时间、培训的频率或者星期几）方面有特别的偏好吗？

- 这里是否有遗漏的选项？如果有，请写下来，然后想一想这一选项如何强化你的学习？

完成以上问题，将其放在手边，在需要时对比各种培训机会以实现你的学习目标。

你怎样学得最好?

请思考以下问题，不要只是回答"是"或"否"，还要描述你作答的原因。更多的细节将有助于你更好地了解自己的学习风格。

- 与读到的信息相比，你更能记住听到的信息吗？

- 听讲座时，你是否需要借助于图片、图表、视频等资料帮助你更好地处理这些信息？

- 听演讲时，你是否经常感到不安？是否想做点别的事情？

- 在培训之前做准备还是在培训之后立即实践，你会记得更好？

- 你是否通过记笔记的方式来帮助记忆？

- 在有音乐或其他声音的课程中，你是否学得更好？

- 在填写这份简短的调查时,你注意到了自己的哪些方面?

- 描述你未来将如何学习新知识,会采用哪些学习方法。

如果你喜欢借助于视觉辅助工具或通过记笔记的方式记忆,那么你倾向于视觉学习风格。

如果你通过倾听音乐或其他声音学得更好,那么你倾向于听觉学习风格。

如果你喜欢活动身体,并且在实践类活动中的学习效果更好,那么你倾向于动觉学习风格。

有时候,结合使用多种学习方法,可以增强你的记忆力。

文化学习方式

请在下图中心填写一个你期望孩子们学习或探索的概念。然后，从周围的"泡泡"中至少选择三个进行填写，描述儿童可能学习或探索你所提出的概念的方法。在空白的"泡泡"中，你可以添加你在儿童及其家庭中观察到的另一种文化学习方式。

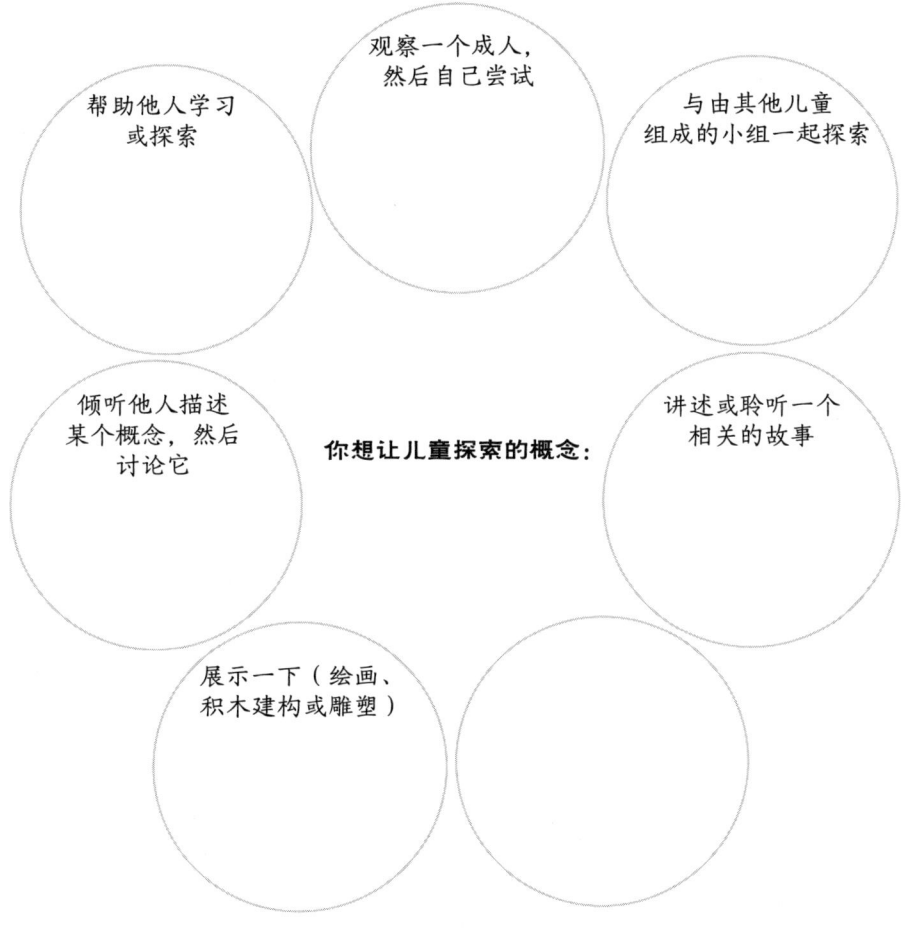

吸引家长参与

- 你采用哪些方法吸引家长参与孩子的学习?

- 请评估一下你与家长的沟通情况。你觉得,自己在哪些方面做得好?在哪些方面还需要改进?

- 你希望增加或改变什么以促进家长的参与?

- 在班级中,你如何展示儿童所在家庭的文化?

支 持 圈

教师在专业成长的过程中如果得到支持，就能做得更好。请你花点时间思考一下你的支持来源。采用下面的"支持圈"填写支持示例。

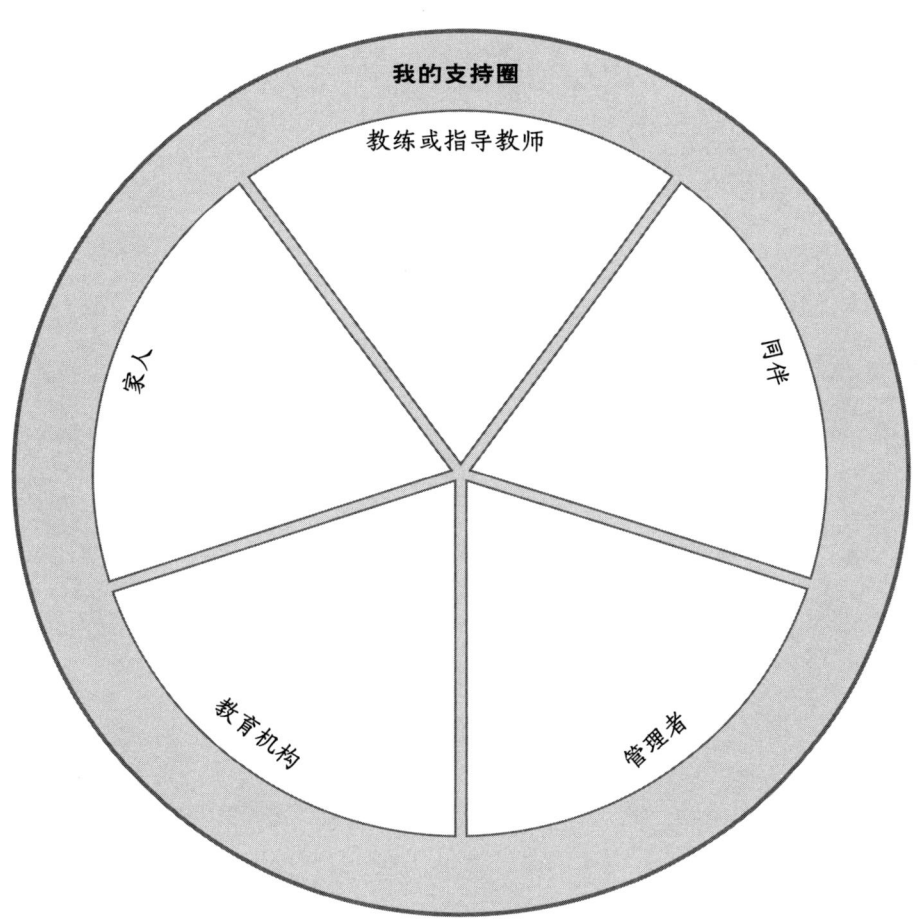

通过回答以下问题，反思你所得到的支持。

- 你注意到了什么？

- 你觉得从哪里得到了足够的支持？

- 你在哪些方面需要更多的支持？

- 你如何获得自己所需的更多支持？

第八章

旅程中的绕路而行

杰米是一名新入职的教师,他的班级中有 20 个 3 岁的儿童和 2 位助理教师。园长刚刚告诉他,他们即将申请州级质量评级和改进系统(Quality Rating and Improvement System,QRIS)的评级。作为这一工作中的一部分,杰米需要在班级里接受观察、填写更多的文件,同时还会有一名教练参与。尽管杰米点了点头,但是他真的不明白这到底意味着什么。他不想问任何问题,生怕园长认为他缺乏教育能力。关于质量评级和改进系统,他问了所在教育机构中的其他几位教师,但是他们都只是耸耸肩,摇摇头。杰米不知道接下来该去哪里了解更多关于这一评级过程的信息。杰米是新员工,这导致他感到不安。他周围的其他教师似乎又困惑又憎恨,这让杰米更加担心。

杰米的经历并不罕见。通常情况下,教师们会被告知下一步的工作任务,但是不会得知细节或解释。支持教师的专业发展,需要思考、规划、创造力和灵活性。许多教育机构都设想通过这种方式支持教师的专业发展,但有限的资金、时间和人员往往造成不理想的现实情况。

杰米对采用质量评级和改进系统的要求感到不知所措。他需要更多的支持,但是他不知道如何获得。对杰米来说,这个问题是他教育之旅中的一个弯路。他已经准备好开始教育教学、了解班级中的儿童及其家庭并建立班级常规,但是现在他有另一个问题需要处理。

杰米所遇到的这类弯路可能让人不知所措，但是它们并非无法克服。这需要明确问题、概述可能的选择和确定行动路线，需要教师和管理者共同参与。当你遇到一个弯路时，你可能需要经过多次尝试才能找到在你所在的教育机构中真正有效的问题解决方法。如果第一次尝试没有成功，请记住，这只是一个开始。你所付出的每一分努力都会让你更接近你所需要的信息和支持，从而让你的工作重新回到正轨。

本章将首先讨论解决问题的流程，然后探讨来自教师和管理者的具体问题。

你如何解决问题？

你很可能有一种习惯的或偏好的问题解决方式。你如何解决问题往往取决于你的性格、童年经历、过去行之有效的方法、你应对冲突时的"舒适区"以及坚持不懈的能力。你的方法也可能取决于问题本身。例如，有些人可以轻松地解决技术方面的问题，但是不愿意与团队成员一起交流和讨论问题。

请想一想，你如何解决问题或应对自己与他人之间的冲突。

- 你会不惜一切代价避免冲突吗？
- 你往往在愤怒中应对冲突吗？
- 当事情出错时，你会责怪自己吗？
- 当事情出错时，你倾向于责怪他人吗？
- 你容易气馁并轻易放弃吗？
- 你会一直坚持到找到解决方案吗？
- 你会在尝试解决问题之前先试着理解问题吗？

以上这些都是解决问题的方法，其中一些方法可能不太适合你，你将反复使用另外一些方法。大多数人在遇到这类问题时，倾向于采用同样的方法。

索菲是一名一年级的教师，最近她与隔壁班级的一位教师发生了冲突。隔壁班级的教师年纪较大，经验更丰富，总是来索菲的班级提供班级布置、布告栏和活动方面的建议。这位教师每次来都会让索菲很紧张，索菲不喜欢与别人产生冲突，因此沉默了一段时间。她通常把问题放在一边，看一看过一段时间后问题是否会自行解决。然而，索菲最终意识到问题并没有消失。实际上，情况似乎变得更糟了。于是，索菲决定改变方法，尝试理解这位同事的感受，然后对她直接说明同事的到访会让自己感到不安。交谈之后，那位同事在一段时间内没有再来索菲的班级。最终，这两位教师能够分享自己的想法，从而提高了解决问题的能力。

总是使用同样的方法解决问题，尤其是这些方法不适合你时，就会阻碍你有效地解决问题，同时增加你的挫折感。例如，如果你在工作中感到不知所措，一种最简单的方法似乎就是把问题归咎于自己或他人。但是这两种方法都可能阻碍实际问题的解决。情绪可能会被卷入冲突之中，让你难以找到前进的方向。

> 总是使用同样的方法解决问题，尤其是这些方法不适合你时，就会阻碍你有效地解决问题，同时增加你的挫折感。

请你认真填写本章末尾的可复制模板"你如何解决问题？"，审视自己通常采用的问题解决方式。该模板可以帮助你监控自己的习惯，评估它们是否有效，并学习解决问题的新方法。

解决问题七步法

试图过快地解决问题，可能会白白浪费精力。有效地解决问题需要时间、思考和耐心。采用表 8.1 中的"解决问题七步法"，你可能会获得更好的结论。

表 8.1　解决问题七步法

解决问题的步骤	说明
1. 识别问题	在了解问题及其相关的其他问题后，重点关注主要问题。有时，集中注意力很难，因为周围的问题过于庞杂。
2. 收集信息	了解问题产生的前后发生了哪些事情，收集其他人有关这个问题的经验。
3. 头脑风暴解决方案	写下所有可能的解决方案，即使它们看起来不切实际。允许不切实际的想法，可以激发更多的创造力。尽量不要对自己或他人的想法进行过度删改。
4. 挑选最佳方案	选出最有可能奏效的方案并付诸实践。考虑你在现实中可以做的事情，思考自己的时间、能力和经验。
5. 试一试	试一试你的方案。如果一开始没有效果，请不要轻易放弃。你可以再尝试两三周。
6. 判断方案是否有效	尝试实践自己的方案，然后判断这一方案是否有效。如果问题得以解决或者发生的次数有所减少，那就表明你正在正确的道路上行进。
7. 在需要的情况下调整方案	你如果觉得自己的方案行不通，那么可以选择另一个方案尝试，或者对你的计划稍加调整。请记住，方案行不通不意味着失败，它可以为你下一次尝试提供有价值的信息。

注：*When Play Isn't Fun: Helping Children Resolve Play Conflicts* by Sandra Heidemann and Deborah Hewitt. Copyright © 2014 by Sandra Heidemann and Deborah Hewitt. Reprinted by permission of Redleaf Press, Saint Paul, MN.

这个问题解决过程看起来简单、易操作，但是在实际工作中要真正地执行起来还是有难度的。让我们用杰米的故事看一看这七个步骤是如何发挥作用的。

在本章的开篇故事中，杰米是一名新手教师，他所在的教育机构刚刚开始申请质量评级和改进系统的评级。他不知道这个过程对他以及他所在的班级意味着什么。最近，他参加了一个有关解决问题的培训项目，因此决定使用他在培训中得到的流程表来帮助自己解决所面临的问题。以下就是他尝试解决问题的七个步骤。

识别问题。杰米知道自己有些不知所措，但是他对于自己不知所措的原因不够确定——是质量评级和改进系统还是自己的新手身份？他写下了自己的担忧。

- 我是教育机构中的一个新成员。
- 我面对的是一个新班级。
- 我需要学习新的课程。
- 我被告知今年必须参与质量评级和改进系统这个项目。
- 我不知道这个项目对我意味着什么。

杰米认为，自己目前面临的最大问题是弄清楚质量评级和改进系统这个项目在接下来的一年里对他来说意味着什么。其他问题也很紧迫，但是他在如何应对这些问题方面已经有了一些想法和对策。

收集信息。杰米发现至少有两位教师和自己一样对这个质量评级和改进系统项目感到困惑。他在网络上查找很多关于质量评级和改进系统的信息，也在教育机构中寻找用于分发给家长的宣传册，但是没有找到自己想要的信息。他还与几位在幼儿园当教师的朋友进行了交谈。

头脑风暴解决方案。杰米列出了一系列可能的解决方案，期望弄清楚质量评级和改进系统项目对他来说意味着什么。在列清单的时候，他尽力不关注自己的某些想法行不通的原因。

- 上网多搜索质量评级和改进系统。
- 与所在教育机构中的其他教师交谈。
- 再次与其他教育机构中的朋友交谈。
- 与园长交谈。

挑选最佳方案。杰米认真思考自己关于质量评级和改进系统的每个想法，然后从中选择几个与园长交流，并说明这个项目对他来说具有怎样的意义。他认为，对于这个项目对他们所在的教育机构的意义，园长很可能有更多的了解，而他自己的想法要么过于笼统，要么存在问题。

与教育机构里的其他教师讨论，可能只会让他们产生对园长的不满情绪，而杰米希望与园长保持良好的关系。尽管他担心自己的言行会让园长觉得自己有些消极或者能力欠缺，但是他觉得与园长交谈确实是一个最佳的主意。

试一试。杰米确实和园长交谈了。他准备了一份问题清单，以便在需要时参考。虽然园长能够回答杰米提出的一些问题，但是她也需要获得更多的信息。园长之所以申请质量评级和改进系统项目，是因为家长们一直询问这个问题，而且她认为，对大家来说，这或许是一个很好的职业发展机会。然而，她正在了解这个项目。和教师们一样，她对此也有很多问题。

判断方案是否有效。杰米和园长对于他们的会面交流都感到高兴，但是他们对项目仍然有很多未知的问题，需要获得更多的信息。当杰米告诉园长其他几位教师也感到困惑时，园长有些担忧。

在需要的情况下调整方案。杰米和园长决定将他们的问题及担忧告知全体员工。园长觉得，其他教师可能和杰米一样焦虑，大家可以作为一个团队共同讨论这个问题。

杰米将他的解决问题流程表交给了园长，园长决定在与教师们讨论质量评级和改进系统时采用同样的流程。以下是他们所遵循的七步流程。

识别问题。园长向大家解释自己决定申请质量评级和改进系统项目的原因。她还表示，想知道教师们是否对这个项目感到焦虑并且不确定这个项目对他们来说意味着什么。她请教师们列出自己担忧的问题，并确定主要问题。教师们列出了以下几点。

+ 这需要做太多的事情。
+ 我不确定是否有教练协助。
+ 我们是否必须使用另一种课程？
+ 如果我们只获得了很低的评级，怎么办？
+ 评级是如何决定的？
+ 我的确不知道这对我、我的工作量和压力意味着什么。

在大量的讨论之后，大家认为主要问题是教师们和园长并不真正了解质量评级和改进系统项目对大家意味着什么。

收集信息。 教师们分享了他们听到的关于质量评级和改进系统的信息。杰米向大家传达他从网上收集到的信息。很快，大家意识到来自各处的信息是不一致的，其中有些信息听起来像谣言，因此大家有些茫然。

头脑风暴解决方案。 大家共同列出了获取更多信息的方法。

- 在本地网站上搜索质量评级和改进系统。
- 将所有问题进行归纳和整理。
- 联系质量评级和改进系统的领导机构，并提出自己的问题。
- 联系教育机构中质量评级和改进系统的负责人，请他参加员工会议，谈谈这个问题。
- 看一看是否有可指派的教练，请教练来介绍一下。
- 与其他教育机构中使用过质量评级和改进系统的工作人员进行交流。

挑选最佳方案。 大家对所有的方案进行了审视，决定联系教育机构中质量评级和改进系统的负责人，邀请他来参加员工会议，效果会最好。这样每个人都能听到相同的信息，还可以直接向他提出问题。如果那位工作人员来不了，也许可以另外选派一位代表过来。

试一试。 他们向质量评级和改进系统项目的负责人发出了邀请。这位负责人来了并尽可能地回答了大家的问题。他表示，尽管这一评级流程在一定程度上是确定的，但是行政人员依然在考虑明年将有何变化。

判断方案是否有效。 在听到相同的信息并得到一些问题的答案后，教师们松了一口气。但是，他们依然有许多问题，尤其是质量评级和改进系统对他们意味着什么这一关键问题。

在需要的情况下调整方案。 大家决定邀请另一家幼儿教育机构的工作人员来参与讨论，说一说他们是如何使用质量评级和改进系统的。园长也承诺在每次员工会议上都留出一定的时间讨论质量评级和改进系统的流程。如果出现更多的问题，她将尽最大的努力去寻找答案。

杰米最初的个人担忧变成了解决全体教师担忧的跳板。教师们感受到被包容和尊重，因为他们都参与了解决方案的制定。当他们完成上述七步工作流程之后，园长和教师们都对于解决问题感到更加积极和乐观。

实践解决问题七步法一开始可能有些费时费力，但是当你频繁地运用这一方法之后，它就会成为你的第二天性。你可以用这一方法与同事、管理者甚至是班级中的儿童共同解决问题。教儿童使用这一方法有助于他们自己解决冲突，即使是在你不在他们身边的时候。如果你想尝试运用这种问题解决办法，请使用本章末尾的可复制模板"解决问题流程表"。

解决问题和专业发展：问题与关切点

了解质量评级和改进系统的实施是杰米及其同事和园长需要面对的一个专业发展问题。对幼儿教师来说，他们会遇到许多不同的专业发展问题，其中有些问题反复出现。以下是我们多年来了解到的一些常见问题以及解决这些问题的策略。当然，你也可以提出有创意且实用的解决方案。

后备力量不足

如果没有辅导，怎么办？

教师在学习新内容和新策略时，辅导是一种有价值的工具。然而，教育机构中不太可能增设全职的教练职位来支持教师。下面是一些教育机构在资金紧张的情况下为教师提供辅导的办法。

+ 筹措资金选聘一名兼职教练。有时，教师或管理者在履行自身职责时，可以承担教练的职责。
+ 邀请一位了解幼儿教育的主任进行辅导、观察和反馈。

- 建立同伴互助关系，这样你就可以和同事互相辅导。
- 与其他教育机构共享教练。也许，你们附近的另一家教育机构也需要教练。
- 报名参加可以提供辅导的专业发展项目。

时间紧迫

如果没有足够的时间参与专业发展项目，该怎么办？

教师们告诉我们，他们面临的最紧迫的问题是缺少时间。

或许，像有些教师那样，你很难在一天中增添更多的工作量。你可能觉得自己根本没有时间参加培训或会议，或者说，你找不出时间来制订计划、制作材料或研究新的策略。针对这一问题，我们很难提供单一的解决方案，以下是一些建议。

- 没有时间参加会议。在可能的情况下，请管理者提供代课教师，这样你就可以与其他教师或者教练会面，一起制订计划。你需要时间反思自己的教育策略是否奏效、儿童取得了哪些进步。
- 日程表中无法添加新内容。想办法在日常活动中融入数学、科学和读写。不要只在小组活动时间支持儿童发展社会情感能力，还要在戏剧游戏和户外活动等时间进行这项工作。利用你与儿童相处的每一时刻，支持他们积极参与有意义的学习。（温馨提示：你对新的教育内容越熟悉，就越容易将其融入日常活动和其他学习活动中。）
- 没有时间参加培训。有些教育机构将某些天设为教师专业发展日，不接待儿童。在专业发展日，教师有机会了解其他教师正在做什么、参加更多的培训和会议，还可以查找学习资料。如果你所在的教育机构没有提供这样的机会，那么你可以仔细地审视自己的工作任务，看看是否能把某些工作暂时放一放，从而留出一些时间促进自身的专业成长。

资金有限

我所在的教育机构没有经费购买材料或支持教师参加培训。

如果你所在的教育机构的预算中没有额外的资金用于员工培训或购买设备，那么你可以想办法寻找你需要的材料。在跳蚤市场或者车库大甩卖中寻找收银机、键盘等旧玩具；去一元店和二手商店寻找便宜的计数器和旧书；与管理者交谈，看看是否可以联系当地的企业或慈善机构，如服务团体、基金会、读书俱乐部等，它们可能愿意捐赠材料或资金。在募集捐赠时，你一定要说明捐赠标准或者保留拒绝接受的权利，因为并非所有人捐赠的东西都是合适的。我们共同合作过的一家教育机构曾经收到一笔非常慷慨的图书捐赠，但是图书上有太多的文字和对幼儿来说过于复杂的概念。帮助组织机构弄清楚哪些类型的图书、游戏材料和玩具适合幼儿，我们就会更顺利地实现预期目的。

教育机构的管理者也许能找到按比例收费的培训师，也可以邀请有能力的同事主持专业的研讨活动。制订计划，展示一些教师们感兴趣的内容，即使是简短的演讲，也可以帮助教师们想出有创意的点子。为了收集更多的想法，可以去二手书店，看看那里是否有低价出售的课程资料；也可以借助于互联网搜寻相关信息，许多幼儿教育类的网站提供有创意的观点、活动和讨论的范本。另外，有些幼儿教育机构的网站免费提供在线培训，还可以寻找儿童教育专家关于多种话题的精彩演讲视频。总之，要利用你的网络智慧，选择可信赖的组织机构作为资源。

抗拒变化

我向园长寻求更多关于早期数学和读写方面的信息，但她说今年没有时间进行更多的培训。她觉得我们目前已经做得很不错了，不需要改变。我想成为一名更好的教师，那么，我该如何提升自己的专业水平

呢？如何让园长对教师发展产生兴趣呢？

你的园长似乎只是对自己的工作感到满意，不想打扰一切都运作良好的工作，或者她不愿意面对变化。正如我们在本书中详细讨论过的那样，即便是积极的变化，也有可能给人们带来压力。有时，幼儿园园长需要重新思考和界定自己所持有的核心信念（参见本书第一章）。你希望做出的改变很可能与园长的理念是一致的，但是她没有认识到这一点。你可以通过以下方式引起她的兴趣。

- 不时地给她看一些关于幼儿在有机会学习早期数学和读写时所表现出的进步的文章。
- 分享信息，比如适宜的早期数学和读写教育如何有益于儿童、缩小他们的成就差距。
- 建议向家长推荐早期数学和读写方面培训与辅导的方法。
- 报名参加课程，与园长分享你学到的内容。
- 帮助园长在课程、环境或教育机构方面做出变化。
- 请园长来到你的班级观看你使用新策略，这样她就能看到实际的效果。分享你的学习经验，并尽可能详细地记录孩子们的积极反应。在请园长来观看之前，你一定要已经成功地引入和使用新策略。

如果你的提议没有奏效，园长依然不愿意做出改变，那么你可以计划改变自己的教育教学。在你所在的教育机构和其他教育机构中寻找与你一样对新的教育变革感兴趣的教师。你可以报名参加相关课程，在工作中实施学到的建议和活动。当园长看到孩子们及其家长的反应时，她或许就会改变主意，接受新想法。请记住教育家兼作家约瑟夫·布鲁契克（Joseph Bruchac）的建议："最好的老师告诉我，事情必须一步一步地做。任何有意义的事情都不会一蹴而就，只是我们以为它实现得很快罢了。"[1]

对评判感到紧张

我所在的教育机构刚刚参加了一个早期读写项目,作为其中的一部分,我将有一位读写教练。我感到有些紧张,不知道后面会发生什么。事实上,我不想让教练评判我的教育教学。我怎样能冷静下来呢?

有教练在场,大多数教师都会感到有些紧张。作为教师,你不希望被别人评判,有点害怕自己在工作中出错。事实上,在幼儿园班级中,很难一切都顺利进行,若再增加一些尴尬瞬间就更是不可想象,因此你担心另一个人在你的班级中,这是完全可以理解的。

然而,有教练在旁有时也会成为促使教师探索全新的教育领域的机会。教练可以成为你专业成长的盟友,帮助你反思。以下是一些相关的建议,有助于你顺利度过过渡期。

+ 定期与教练会面,并尽量遵守时间表。如果你们经常会面,即便每次会面的时间很短,你们也可以轻松地建立相互信任的关系。
+ 如果你更喜欢或更受益于某种沟通方式,那么你可以和教练讨论一下。例如,有的教师更喜欢提前看到书面反馈,有的教师则更喜欢通过打电话或发短信的方式沟通。为了持续与教练沟通与合作,有的教师喜欢面对面地与教练交谈,而有的教师更喜欢采用电子邮件这种非正式的方式沟通。无论你喜欢哪一种沟通方式,你都要与教练就沟通方式这一问题达成一致。
+ 教练将与你谈论不同的话题,如你曾参加的培训、你期望了解的内容以及你的疑问,你要与教练分享自己的想法和疑问。在见面之前,可以先想一想你想学习什么或实践什么,然后你们一起设定目标和可能的策略。这是你的学习,重要的是,你要掌控它。
+ 你若对教练推荐的方法存有疑问,可以请教练演示一下。如果教练正在提供有关班级环境的建议,那么你可以请教练帮忙重新布置班级环境。有时,通过亲眼看到,你会更容易理解策略。
+ 如果你正在尝试一种策略,但是它似乎没有奏效,你就可以寻求教练的反馈。有时，一个小改变就能让策略变得更加有效。例如，一位教练在估算活动中添加了一条数轴，通过观察发现，孩子们在此之后能更容易地学习数字。

✦ 你如果有一个有效的策略，就可以与教练分享你的兴奋之情，教练会和你一样兴奋。可以请教练在一旁观察这一策略，并反馈意见。

✦ 虽然你可以自己提高教育水平，但是在教练的协助下，你会更快地进步。与教练建立相互信任的关系需要时间，但是从长远来看，在时间上的投入是非常值得的。

过于忙碌

我想和同事共同建立一个学习共同体（参见本书第七章），但是他们都说自己太忙了，现在不想参与这件事。我怎样才能激发大家的兴趣，让这件事情顺利开展呢？

教师们确实很忙，不太能意识到学习共同体或实践共同体会给自己带来怎样的益处。试着从小做起吧。询问主任或领导者，是否可以在员工会议上请一小部分教师分享成功的方法和策略。确保每个人都有发言的机会，但是不要强迫任何人分享。

了解一下，你是否可以与其他教师会面，一起查阅儿童的评估结果或作品样本。尽管教师们可能不想与其他教师分享数据，但是他们可能愿意分享策略并确定什么产生了影响。

你可以邀请其他教师与你一起参加研讨会并讨论你们学到的东西。或许，你的同事不愿这样做，但是如果他们做了，你们就可以开始建立学习共同体。

重要的是，要解释教师的参与方式。如果教师们感到自己被评判或摆布，他们就会停止沟通。因此，要积极地支持你的同事。

如果你的同事对你的努力没有做出回应，那么你可以与其他教育机构的教师建立专业的学习共同体。例如，你可以选择参加线上的学习共同体。

用游戏促进改变

我真的想和班级中的孩子们一起尝试开展一些我了解的新游戏，进而帮助他们发展计数能力、读写能力和社会情感能力。但是，我担心自己的期望过高导致孩子们对学习感到焦虑。有人曾劝告我不要训练孩子们，我也不想那样做。我怎样才能在不让儿童感到焦虑的情况下向他们提出有一定难度的挑战呢？

确实，训练儿童会让他们感到焦虑，尤其是在他们还不能快速掌握信息的时候。但是，玩游戏不等于训练。孩子们都喜欢玩游戏，愿意通过游戏学习计数、识别数字和字母、实践社会情感能力。游戏吸引儿童，能够让学习变得有趣。

幼儿教育领域正在发生变化。多年来，教师们使用游戏教授和巩固儿童的社交技能，但不愿与儿童进行数学活动和读写活动，担心的正是上述问题所表达的内容。但是，以发展适宜的方式教数学和读写是可能的。让孩子们学习数字和字母，可以打开他们的世界，帮助他们为下一阶段的学习做好准备，也会缩小来自不同收入水平的家庭的孩子们在机会方面的差距。如果你尝试开展数学和读写方面的游戏，你就会发现孩子们的反应相当热情，他们可能经常要求玩游戏，并希望你提供更多的游戏。他们的热情回应将支持你决定在教育机构中增加游戏机会。

将家长视为合作者

我所在的教育机构中的家长们似乎对我与孩子们一起做的事情不感兴趣。他们都太忙了，不会把我让他们在家里和孩子一起完成的活动作品送回来。我怎样才能与家长沟通，鼓励他们积极参与呢？

一般而言，儿童的父母及其他家庭成员都想让孩子取得成功，并希望看到孩子做好入学准备。家长们焦急地等待教师说他们的孩子表现很好，但是可能不会回应教师的提议，原因如下。

+ 他们可能同时从事多份工作，十分忙碌，或者他们的孩子在不同的学校上学。
+ 他们可能因为自己的童年经历而畏惧幼儿园。
+ 他们可能认为教育是教师的工作。
+ 他们可能觉得自己的能力太弱，没有办法教孩子。
+ 他们可能担心自己做错了会被你评判。

从另一个角度来看，作为教师，我们很容易只关注我们期望孩子们学习的内容。有时，我们十分忙碌或无法集中注意力去尝试让家长参与儿童学习过程的方法。

想一想可以让家长和孩子一起玩的简单有趣的学习活动。邀请家长参加聚焦于有趣的学习方式的"家庭之夜"活动。保持积极的态度，同时充分尊重，你就可能发现儿童的父母和其他家庭成员的反应比你预期得更热情。正如一位教师在与家长接触后所说："家长们说他们不能来班级，但是会继续询问他们在家里可以做什么来帮忙。我看到这种情况大量增加。"（有关家长参与的更多建议，请参见本书第七章）

请记住，教师的成长并不总是一帆风顺的。想要成为一名有准备的教师，你就要学会解决遇到的问题。你所尝试的解决方案可能并不完美，但是如果在第一个方案行不通之后继续尝试，你就将学会坚持不懈并对自己的问题解决能力更有信心。有效地解决问题还需要创造力。想出有趣的办法，与同事和班级里的孩子们交流，总会找到积极的解决方案。问题不会压倒我们，而会提供机会让我们成为更具创新精神的思考者与实践者。

> 问题不会压倒我们，而会提供机会让我们成为更具创新精神的思考者与实践者。

注　释

[1] Alan Kaufman, *Our Identities: Multicultural Readings for Writers* (Dubuque, IA: Kendall/Hunt Publishing Company, 1994): 60.

你如何解决问题？

对于下列场景，选出你最有可能做出的回应。

	比较认同	有点认同	完全不认同
1. 当我发现同事面临问题时，我会询问他们。			
2. 当我不同意同事的观点时，我会告诉他们。			
3. 当我生气或沮丧时，我会对团队成员发脾气。			
4. 当团队决定以某种方式在班级中应对某件事情时，尽管我有不同的意见，但是我仍然会顺从他们的决定，以免引起任何人的不满。			
5. 如果我与园长或同事之间存在冲突，我就会忽视它，希望它自行消失。			
6. 我的家人通过一起讨论的方式应对冲突。			

- 你能从自己的反应中了解到什么？关于处理冲突和问题的方式，你注意到了什么？

- 你是否发现自己与不同的人发生冲突时的回应方式有所不同？请解释一下。

- 你觉得哪种方式最适合你？为什么？

- 你希望改变什么？

解决问题流程表

1. 识别问题：

2. 收集信息：

3. 头脑风暴解决方案：

4. 挑选最佳方案：

5. 试一试：

6. 判断方案是否有效：

7. 在需要的情况下调整方案：

第九章

反思你的教育之旅

在这本书中,你已经探索了许多推动你的教育之旅的力量。一开始,你认真思考自己的职业生涯是如何开启的、你关于儿童的学习方式和成人的学习方式的基本信念、你作为教师重视什么以及你的使命。你思考随着经验和知识的积累,你是如何发生变化的。你探讨了变化与有准备的教育之间的关系,审视了自己被要求做出的许多改变。

你了解了教师成长需要经历的三个阶段:教师的学习、教师的实践、教师的分享和示范。希望你在理解这三个阶段之后能够耐心地学习新内容和新策略。你深入探究了自己在教育之旅中所需要的支持,比如培训、学习共同体或实践共同体、辅导、资源,以及有关解决问题的建议。你追溯了自己的教育之旅,从成为教师的第一步到经历的变化和挑战,再到你今天所处的位置。

每一段旅程都是独一无二的。虽然教师们可能有一些类似的经历,但是你的旅程有着独特的曲折。很有可能,你在旅程中遇到了很多惊喜。

图 9.1 展示的是教师珍妮的教育之旅。我们以珍妮的教育之旅为例,你的教育之旅可能看起来与其非常不同。

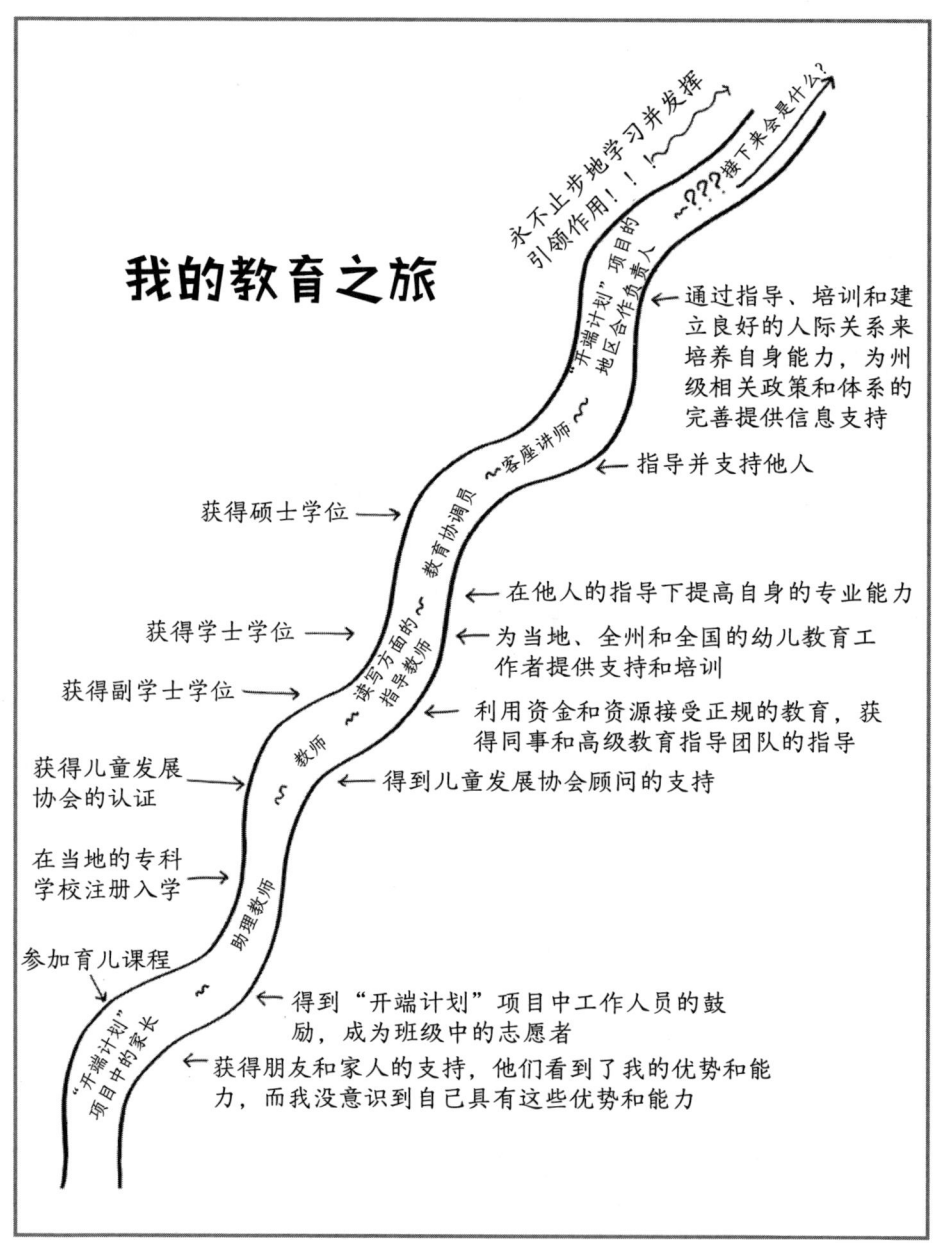

图 9.1 珍妮的教育之旅

注：Reprinted with permission of Jeanne Dickhausen.

珍妮的教育之旅始于她的女儿参加"开端计划"项目之时。从珍妮的教育之旅中，你可以看到她从一位家长转变为助理教师、教师、读写方面的指导教师，最终成为参与州政府工作的幼儿教育专家。珍妮不知道接下来会发生什么，但是她认为这种不确定性正是自己的旅程规划中最有趣的一个部分。珍妮知道自己曾经做过什么，可以借助于职业生涯中学到的知识帮助自己继续前行。[1]

回顾自己走过的路以及思考自己想要去的地方，可以给你一个新的视角来看待自己的教育之旅。请花点时间填写本章末尾的可复制模板"我的教育之旅"，认真回顾一下自己走过的路。

持续改进循环

回顾自己的教育之旅，你会注意到你经常改进自己的幼儿教育工作和家长工作。图9.2所展示的"持续改进循环"可以帮助你思考教师的持续成长。它描述了教师每天所经历的过程。循环中的四项任务，即专业成长、规划、实施和评估，是丰富你的知识、技能和有准备的教育的关键。当你在日常工作中教授课程时，当你朝着月度目标或年度目标努力时，你都需要持续不断地完成这些任务。这个循环不会只开始于某个任务，然后结束于另一个任务；事实上，每个任务都是下一个步骤的起点。

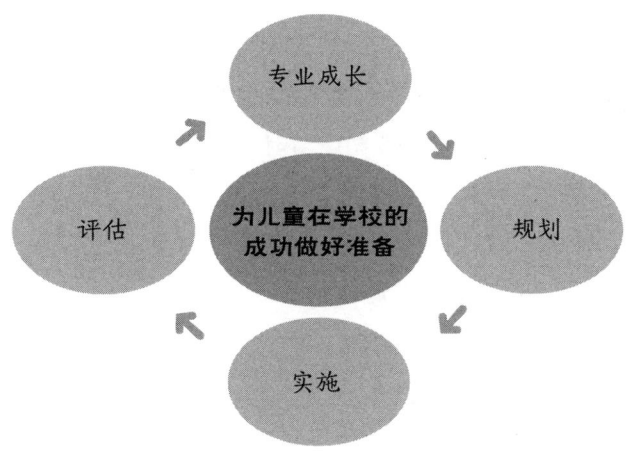

图9.2　持续改进循环

专业成长

你可以通过多种途径实现专业成长，这些途径包括工作场所、学院和大学以及你自己通过阅读及参加工作坊和研讨会进行的探索，进而学习新的内容和策略。教练和指导教师会深化你的学习。在专业成长环节，你将从研究中获得新的理解和关于策略的新想法。利用相关的信息、你的观察以及你已有的知识经验，你就可以为下一步的规划做好准备。

规划

深思熟虑地规划，需要关注细节并选出优先事项。选择努力的方向，意味着要设定目标，其中既要有短期目标，又要有长期目标。在确定可衡量的具体目标方面，教师常常陷入艰难的抉择中。寻找能够吸引儿童参与的策略和活动对教师来说是相对容易和简单的。但是，如果教师基于自己设定的目标选择策略和活动，而不是仅仅基于儿童的喜好选择策略，儿童就会学到更多。

设定目标之后，你要寻找能够实现这些目标的、富有吸引力的且切实有效的策略与方法。你可以从书本、网络和其他教师那里寻找策略与方法。接下来，就是实施策略。

规划时需要考虑的因素

在设定目标和制订教育计划时，你要认真考虑以下因素：

☐ 你对领域知识的了解；
☐ 你对班级中儿童的观察；
☐ 你对儿童技能的评估；
☐ 你对儿童发展的了解；
☐ 怎样吸引儿童；
☐ 你对早期学习标准的了解。

实施

在实施策略的过程中,你会发现策略有时很有效,有时则无效。即使在教育教学的过程中,你也要不断地微调它们,决定在哪些时候重复开展哪些活动、在哪些时候对课程进行适当调整。

评估

评估是持续改进循环中的最后一个步骤。评估不仅发生在教育活动中,也发生在教育活动后,甚至是很长一段时间之后,在这些时刻,你会看到孩子们正逐步达到你所设定的长期目标。你对自己的教育教学进行评估时,可以问自己以下问题:

+ 孩子们是否参与了活动?
+ 活动是否适合所有的孩子?
+ 你是否为活动做了充分的准备?
+ 你会做出哪些改变?
+ 你觉得自己肯定会重复哪些活动?
+ 孩子们是否学到了可以帮助他们接近预设目标的技能?
+ 你还需要获得哪些知识或信息?

持续改进循环中的反思和自我评估对教师的发展至关重要,就像自发游戏对儿童的发展一样。[2]如果缺少评估,你就很难从长远的角度了解孩子们的学习情况。评估会支持你尝试完全不同的方法,或为不同的儿童采用不同的方法。在评估的过程中,你可能不得不重新审视自己设定的目标,看看它们是否仍然相关。

实际应用中的持续改进循环

在下面的例子中,我们看到,佩佩和蕾切尔在各自的班级中分别利用持续改进循环创建书写区与低结构材料区。

在接受了早期读写方面的培训后,佩佩决定在年底之前帮助自己班级中的孩子们学习写自己的名字。他尝试着在班级中创设一个书写区。他找到了一些不同大小和颜色的纸张以及许多铅笔、彩色铅笔和蜡笔,并将它们全部放在一张桌子上。他还在桌子上放置了一些卡片、模板、尺子和橡皮擦。他知道孩子们很喜欢写便条然后将其放进信封里,所以他准备了几种不同大小的信封。第一天,佩佩密切关注着书写区,并问了自己以下问题:

- 孩子们去书写区吗?
- 他们尝试了什么类型的活动?
- 他们在那里停留了多长时间?
- 是否有孩子试图远离书写区?

在活动中,他注意到,有些孩子来到书写区,但在这里停留的时间十分短暂。他们把卡片放进信封里,但是没有在上面写字。还有两个孩子来到书写区,但没有做任何尝试。佩佩知道,这两个孩子长期以来一直避免参与各种精细动作类活动。

佩佩决定继续保留这个书写区,让孩子们有机会探索它。但是,在仔细思考了自己的观察结果后,他也想试着给孩子们更多关于如何使用这个活动区的想法。第二天,佩佩在大组活动中向全班儿童介绍了书写区,展示了各种用于书写的材料,并和孩子们一起围绕如何使用这些材料进行了讨论。在接下来的一周里,佩佩看到孩子们在卡片上愉快地涂涂写写并试着写自己的名字。第三周,佩佩把一个关于邮局的戏剧游戏引入班级,将其融入书写区。现在,孩子们会争先恐后地来到书写区的桌子旁参与活动,佩佩不得不想办法引导孩子们轮流使用座椅。

在活动中,佩佩注意到,之前提到的那两个孩子还是会避开书写区。于是,他持续地观察这两个孩子,想弄清楚是否可以通过更多适宜的精细动作类活动来支持这两个孩子逐步增强手指活动的力量。佩佩在水槽旁放置了滴管和量杯,鼓励这两个孩子玩水——通过挤压滴管用水填满或腾空量杯。在后面的几周里,这两个孩子玩橡皮泥、玩水、玩娃娃的衣服和纽扣等有趣的活动，在此之后，佩佩帮助他们用铅笔写字。佩佩将这两个孩子的写字活动控制在短时间内，这样他们第二天还会愿意写字。

佩佩相信自己已经找到了一些支持孩子们主动进入书写区进行书写的方法，但是他难以确定孩子们是否正在学习写自己的名字。在对孩子们的书写进行了一段时间的观察之后，佩佩决定在孩子们早上来到班级时增加一个签到活动——孩子们在家人的帮助下签到。在这个活动中，佩佩认为家人的参与具有重要的价值。

佩佩在班级中创设书写区，就进入了持续改进循环之中，尽管他可能不会这样说。他开展了正式和非正式的观察，期望了解自己是否已经达到了支持儿童进入书写区这一目标；为自己设定了一个长期目标，也一直关注这一目标；还经常根据孩子们的反应调整策略及活动。

在下面的例子中，蕾切尔也使用了持续改进循环来实施在班级中使用低结构材料的策略。她特别想用这个策略吸引孩子们参与早期数学活动，致力于开展积极的动手实践活动，并且感兴趣于随机地把彼此没有联系的材料放在桌子上，让孩子们玩耍。她的故事表明教师如何制订计划、尝试、评估并根据需要进行调整。*

在用计算机浏览一个面向幼儿教育工作者（来自家庭托儿所或教育机构）的在线小组的学习内容时，蕾切尔注意到许多与低结构材料相关的照片和发言。乍一看，低结构材料就是儿童在幼儿教育机构中会接触到的一小堆东西。它们通常被放在几个有分隔的托盘或盒子中，从而便于儿童分类和随时取用。蕾切尔通过阅读了解到，低结构材料区全部都是给孩子们自由使用的，几乎没有教育教学或指导。如果孩子们选择探索低结构材料，教师就会通过展示使用低结构材料的有趣方式来参与和帮助他们。让孩子们发现低结构材料区并随心所欲地使用它，这一想法可以提高孩子们的创造性思

---

* Adapted with permission of Rachel Pike.

维能力，许多教育者注意到，儿童在没有专门指导的情况下也可以对低结构材料进行分类和计数。"低结构材料"这一概念对蕾切尔来说十分有趣，她计划将其进一步用于孩子们的数学世界。

蕾切尔班级中儿童的年龄是四五岁，她尝试着向孩子们提供各种各样的低结构材料。她向孩子们提供各种容器，并在容器里装上小物件，包括来自大自然的橡树果、树叶和贝壳以及便于计数的彩色小玩具。为了支持孩子们的主动探索，蕾切尔在班级的低结构材料区中摆放磁铁、乐高积木、各种小型交通工具、一样大小的立方体、回形针、不同形状的小磁力片、珠子、石子、绒球和拼图碎片等材料。她还在低结构材料区中放置一些工具，以支持孩子们在操作低结构材料时促进精细动作的发展。像镊子、磁铁棒、钳子、细绳、扭扭棒等工具可以为儿童将低结构材料从一个容器或区域移动到另一个容器或区域中提供许多方法。蕾切尔发现，像秤和尺子这样的测量工具以及用于玩低结构材料的骰子，可以吸引孩子们来到低结构材料区。此外，她还为孩子们提供了网格游戏、分类托盘、计数托盘、冰格（便于计数或创建各种图案）、每个部分都写有数字的蛋盒、彩色分类碗、七巧板、拼图、数字卡片等各种添加物。

然而，她很快就意识到自己做得有些过头了。在开始阶段，蕾切尔班级里的孩子们在低结构材料区中的行为是把所有容器里的低结构材料倒出来堆在一起，然后在自由选择时间花费很多时间清理并使用各种低结构材料。孩子们和蕾切尔很快发现，这样做会让大家没有多少时间进行其他的游戏和学习活动。根据其他幼儿教育机构中教师的建议，蕾切尔试着完全不干涉孩子们的行为。令人感到沮丧的是，使用这一方法导致低结构材料区最终变得一团糟。这使得孩子们无法顺利地使用材料，因为他们一天中的大部分时间都被用于倾倒和清理各种小物件。

于是，蕾切尔进行了一些调整，她对低结构材料进行筛选，在区域中仅放置几个不同的材料，而不是把数量极多的各种材料全都摆放进来，并且让每一类低结构材料的数量保持在100个以下。实践表明，班级里的情况似乎好多了。此外，蕾切尔还建议孩子们在活动中每次只选一两种低结构材料，探索一段时间后，在需要的情况下可以再拿更多的低结构材料。这个建议让孩子们（尤其是那些花大量的时间清理物品的孩子）觉得很有道理。重新布置活动室之后，蕾切尔带领孩子们观看新材料，并且大声说出她关于如何使用低结构材料区的想法。这一方法在孩子们的脑海中留下了一些印象，但是蕾切尔依然允许孩子们在活动区中保持独立性。蕾切尔还在大组活动中向孩子们介绍了网格游戏，并在自由选择时间教几个孩子玩这类游戏。这样一来，这几个孩子就可以在独自探索低结构材料的时候教其他孩子玩网格游戏。在蕾切尔的班级里，尽管蕾切尔通过直接指导的方式取得了良好的效果，但她总是向孩子们说："大家可以想出各种各样使用低结构材料的方法，我建议的这个方法只是其中的一种方法。"这样孩子们的创造力就不会受到限制。

班级中年长的孩子总是在低结构材料区中按照颜色或类型对物品进行分类、使用五种不同的材料制作复杂的图案、排列物品、用秤和尺子测量物品并计数。在自由选择时间，孩子们选择到低结构材料区中玩数学游戏，并在小组活动时间将这个活动区选为最受欢迎的区域。在整个自由选择时间，蕾切尔对班级中孩子们的行为进行认真观察，她发现孩子们已经能够把各种数学技能（如分类、绘图、测量、计数、加法、减法和创建模式等）融入戏剧游戏之中。数学学习已经成为蕾切尔班级中的常态，对此，她感到十分高兴。自从在班级中创建低结构材料区以来，蕾切尔已经明显地感觉到，孩子们在识别、复制、扩展和创建模式以及按一一对应的方式计数等方面的能力有了统计学上的显著提高。

通过观察，蕾切尔感慨良多，她说："在班级中增加低结构材料区，这一做法提高了班级里所有孩子的数学能力，也让教师们更愿意和孩子们一起开展数学活动。孩子们能够充分地发挥和运用自己的创造力及想象力，主动探索低结构材料。教师们也为孩子们提供了许多关于使用低结构材料的建议，以提高孩子们的数学能力。

乍一看，低结构材料就是儿童在幼儿教育机构中会接触到的一小堆东西。但是，细心观察之后，我们就会发现，低结构材料区太神奇了，远超人们的想象。"[3]

当我们一起阅读蕾切尔的故事时，我们看到了许多关于深思熟虑、用心教育的例子。首先，蕾切尔找到了一个与自己的教育理念、课程以及孩子们的兴趣相符合的想法。这个新想法能否在孩子们身上发挥作用？对此，她感到十分好奇。虽然蕾切尔把这个新想法与早期数学联系起来，但是她并不确定会出现怎样的结果。

其次，蕾切尔制订了一个用容器为孩子们提供低结构材料的计划，然后迅速实施。当孩子们接触新材料时，她就在一旁仔细地观察。

再次，蕾切尔发现，在孩子们摆弄低结构材料的过程中，他们会把大量时间花费在清理方面，很难把较多的时间用在学习上。在对活动进行评估之后，蕾切尔有了一些想法。她希望进一步调整，让活动变得更有效，尤其是在支持儿童的数学学习方面。

最后，蕾切尔对活动进行了调整，她减少了低结构材料的种类，并且将每种材料的数量限制在 100 个以下。在活动中，她发挥教师的引导作用，给孩子们提出关于如何使用低结构材料的建议。在大组活动中，她和孩子们讨论网格游戏以及如何使用低结构材料。

在故事的结尾，蕾切尔欣喜地看到班级中的孩子们使用低结构材料学习早期数学。孩子们都很投入，表现出浓厚的兴趣，在探索材料的过程中生发问题并解决问题的能力也有了明显的提升。蕾切尔知道，随着儿童和教师兴趣的变化，班级中的低结构材料活动也会随之发生变化。而且，蕾切尔也清楚地知道，从这次探索中获得的知识将有助于她设计更多的新策略。

希望、担忧和亟待解决的问题

本书第四章讨论了我们与教师们合作时所做的一项活动。我们请教师们写下他们对儿童以及自己的希望、担忧和亟待解决的问题。在项目结束时，我们再次回顾了教师们的希望、担忧和亟待解决的问题。许多教师惊讶地发现，他们的态度已悄然发生变化。

在开始阶段，许多教师担心没有足够的时间进行教育变革。但是，等到项目结束时，教师们发现他们有足够的时间，因为学会了如何更加有效地利用时间。例如，教师们认为大组活动时间应当控制在15—20分钟，担心很难将数学活动安排在大组活动中。但他们发现，在阅读活动中增加少量的数学活动仍然可以保持小组活动时间短小且有趣。

在项目刚开始的时候，有些教师担心自己班级里的孩子们无法完成我们提出的任务，因此不太愿意催促孩子们这样做。但是，等到项目结束时，这些教师已不再持有这种想法。他们十分惊讶于孩子们在参与数学学习和读写活动时所展示出来的高度热情。因为教师们进行了仔细的评估，知道孩子们在哪些时候会感到有压力，所以他们知道什么时候应该让孩子们放松一下。但更多时候，教师们对于孩子们的能力之强和对挑战的喜爱之情而感到高兴。

在阅读本书第四章时，你已经填写章尾的可复制模板"希望、担忧和亟待解决的问题"。现在，请你再看一看这个模板。你的希望、担忧和亟待解决的问题是否有所变化？在你不断迈向有准备的教育的过程中，你希望什么？你害怕什么？你还有哪些困惑和疑问？尽管你现在即将阅读完本书，但你的旅程还将继续。作为一名教师，你将继续成长。当你在今后的教育之旅中面临新的变化时，你可以再次填写这个模板。

成为一名有准备的教师会让你对教育教学和学习保持浓厚的兴趣，也能为你的专业成长提供许多机会。对儿童的观察以及你与儿童的相处方式，体现了你的创造力和乐于接受变化的开放态度。你为了成为优秀的教师而付出的努力不仅会让你所教的孩子们受益，也会丰富你自己的生活。正如教育家彼得·高（Peter Gow）在他所撰写的《有准备的教师：

> 你为了成为优秀的教师而付出的努力不仅会让你所教的孩子们受益，也会丰富你自己的生活。

在独立的课堂上成就伟大的职业生涯》(*The Intentional Teacher: Forging a Great Career in the Independent School Classroom*)一书中所指出的:"对有准备的教师来说,在职业生涯中所接触的学生将成为自己美好且富有意义的人生记忆的核心。"[4]

我们同样对你未来的旅程充满期待。教育儿童并影响他们的生活,是我们做过的最有意义的工作之一。我们希望你也能从中获得同样的满足感。愿你的旅程充满热情的孩子、投入的家长、有趣的同事以及许多成长、学习和提高技能的机会。愿你遇到的任何问题都是容易解决的小问题。请记住,你的信念和价值观将指引你的工作。好好享受这段旅程吧!

注　释

[1] Jeanne Dickhausen, "Jeanne's Journey" (unpublished manuscript, September 12, 2014).

[2] Alma Fleet and Catherine Patterson, "Professional Growth Reconceptualized: Early Childhood Staff Searching for Meaning," *Early Childhood Research and Practice* 3, no. 2 (Fall 2001).

[3] Rachel Pike, "Rachel's Story" (unpublished manuscript, September 12, 2014).

[4] Peter Gow, *The Intentional Teacher* (Gilsum, NH: Avocus Publishing, 2009): 184.

我的教育之旅

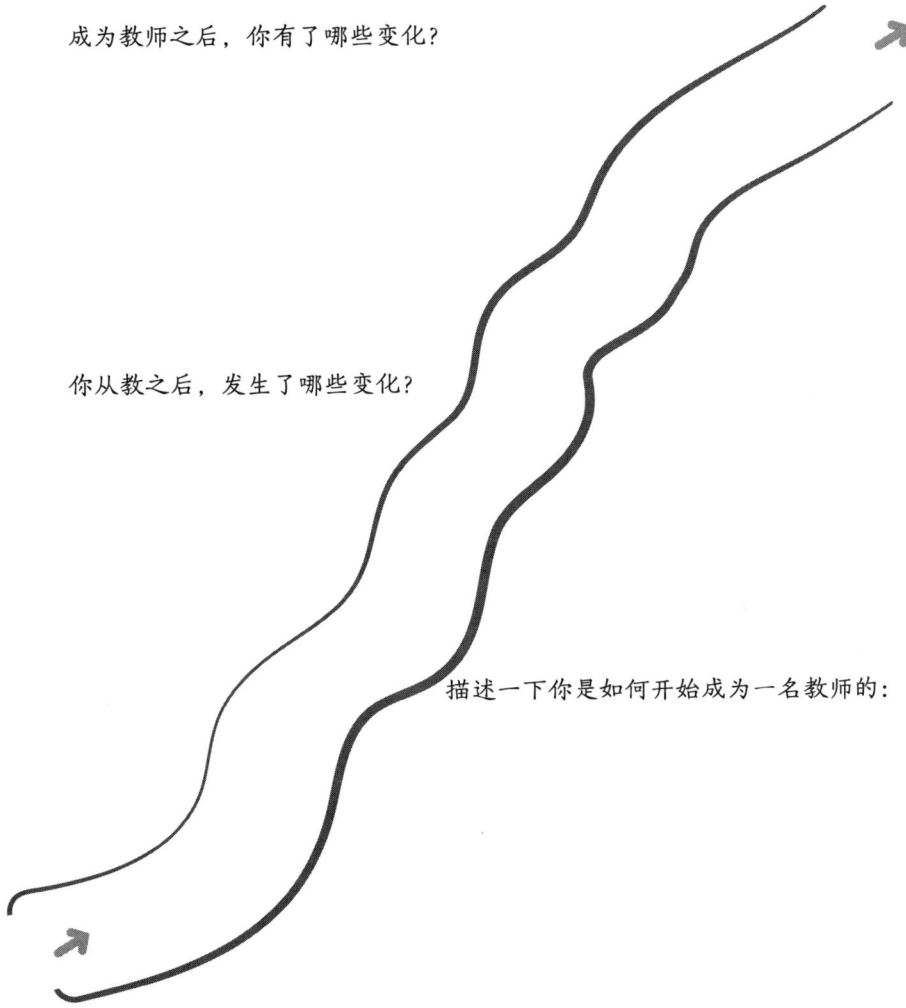

成为教师之后,你有了哪些变化?

你从教之后,发生了哪些变化?

描述一下你是如何开始成为一名教师的:

参考文献

Beijaard, Douwe, Paulien C. Meijer, and Nico Verloop. "Reconsidering Research on Teachers' Professional Identity." *Teaching and Teacher Education* 20 (2004): 107–128.

Borton, Terry. *Reach, Touch, and Teach: Student Concerns and Process Education*. New York: McGraw-Hill, 1970.

Cain, Susan. *Quiet: The Power of Introverts in a World That Can't Stop Talking*. New York: Crown Publishing Group, 2013.

Connelly, F. Michael, and D. Jean Clandinin. "Personal Practical Knowledge and the Modes of Knowing: Relevance for Teaching and Learning." In *Learning and Teaching the Ways of Knowing*, edited by Elliot Eisner, 174–198. Chicago: University of Chicago Press, 1985.

Connelly, F. Michael, and D. Jean Clandinin. *Shaping a Professional Identity*. New York: Teachers College Press, 1999.

Derman-Sparks, Louise, and Julie Olsen Edwards. *Anti-Bias Education for Young Children and Ourselves*. Washington, DC: NAEYC, 2010.

Dickhausen, Jeanne. "Jeanne's Journey." Unpublished manuscript, last modified September 12, 2014.

Dobson, Gwen. "Gwen's Story." Unpublished manuscript, last modified September 19, 2014.

Dreyfus, Hubert L., and Stuart E. Dreyfus. *Mind Over Machine: The Power of Human Intuition and Expertise in the Era of the Computer*. New York: Free Press, 1986, quoted in Dall'Alba, Gloria, and Jörgen Sandberg, "Unveiling Professional Development: A Critical Review of Stage Models," *Review of Educational Research*

76, no. 3 (2006): 383–412.

Dweck, Carol S. *Mindset: The New Psychology of Success*. New York: Random House, 2006.

Epstein, Ann S. *The Intentional Teacher: Choosing the Best Strategies for Young Children's Learning*. Washington, DC: NAEYC, 2014.

Fleet, Alma, and Catherine Patterson. "Professional Growth Reconceptualized: Early Childhood Staff Searching for Meaning." *Early Childhood Research and Practice* 3, no. 2 (Fall 2001).

Forman, George. "Mirrors That Talk: Using Video to Improve Early Education." *Connections* (January 2002): 1.

Ginsburg, Herbert P., Rochelle Goldberg Kaplan, Joanna Cannon, Maria I. Cordero, Janet G. Eisenband, Michelle Galanter, and Melissa Morgenlander. "Helping Early Childhood Educators Teach Mathematics." In *Critical Issues in Early Childhood Professional Development,* edited by Martha Zaslow and Ivelisse Martinez-Beck, 171–202. Baltimore: Paul H. Brookes Publishing Company, 2006.

Gow, Peter. *The Intentional Teacher*. Gilsum, NH: Avocus Publishing, 2009.

Guinan, Sylvia. "Why Do Teachers Teach?" August 15, 2013.

Harada, Violet H., Debora Lum, and Kathy Souza. "Building a Learning Community: Students and Adults as Inquirers." *Childhood Education* (Winter 2002–2003): 68–71.

Harrison, Cindy, and Joellen Killion. "Ten Roles for Teacher Leaders." *Educational Leadership* 65, no. 1 (2007): 74–77.

Heidemann, Sandra, and Deborah Hewitt. *When Play Isn't Fun: Helping Children Resolve Play Conflicts*. Saint Paul, MN: Redleaf Press, 2014.

Helm, Judy Harris. "Building Communities of Practice." *Young Children* 62, no. 4 (2007): 12–16.

Jerve, Janet. "Janet's Story." Unpublished manuscript, last modified September 19, 2014.

Katz, Lilian G. "Developmental Stages of Preschool Teachers." *Elementary School Journal* 73, no. 1 (1972): 50–54.

Kaufman, Alan. *Our Identities: Multicultural Readings for Writers*. Dubuque, IA: Kendall/Hunt Publishing Company, 1994.

Landry, Susan H., Jason L. Anthony, Paul R. Swank, and Pauline Monseque-Bailey. "Effectiveness of Comprehensive Professional Development for Teachers of At-Risk Preschoolers." *Journal of Educational Psychology* 101, no. 2 (2009): 448–465.

LaParo, Karen M., Robert C. Pianta, and Megan Stuhlman. "The Classroom Assessment Scoring System: Findings from the Prekindergarten Year." *The Elementary School Journal* 104, no. 5 (2004): 409–426.

Longfield, Judith. "Discrepant Teaching Events: Using an Inquiry Stance to Address Student's Misconceptions." *International Journal of Teaching and Learning in Higher Education* 21, no. 2 (2009): 266–271.

Mackenzie, Sarah V., and George Marnik. "Maine Program Helps Teachers Learn from That Voice: Inner Voice Tells Teachers How to Grow." *Journal of Staff Development* 25, no. 3 (Summer 2004): 50–57.

Marsick, Victoria J., and Karen E. Watkins. "Continuous Learning in the Workplace." *Adult Learning* 3, no. 4 (1992): 9–12.

Mowry, Brian. "Engaging and Developing Young Children's Informal Number Sense." Presentation at the Numbers Work! Institute, Saint Paul, MN, March 8, 2013.

NAEYC. "Developmentally Appropriate Practice." NAEYC, 2009.

NAEYC. "Screening and Assessment of Young English-Language Learners." NAEYC, 2005.

National Education Goals Panel. *Principles and Recommendations for Early Childhood Assessments*. Washington, DC: U.S. Government Printing Office, 1998.

Nicholson, Simon. "The Theory of Loose Parts: An Important Principle for Design Methodology." *Studies in Design Education Craft and Technology* 4, no. 2 (1972): 5–14.

Piaget, Jean. *Biology and Knowledge*. Chicago: University of Chicago Press, 1971.

Pianta, Robert C. "Standardized Observation and Professional Development: A Focus on Individualized Implementation and Practice." In *Critical Issues in Early Childhood Professional Development*, edited by Martha Zaslow and Ivelisse Martinez-Beck, 231–254. Baltimore: Paul H. Brookes Publishing Company, 2006.

Pike, Rachel. "Rachel's Story." Unpublished manuscript, last modified September 12, 2014.

Riley, David, and Mary A. Roach. "Helping Teachers Grow: Toward Theory and Practice of an 'Emergent Curriculum' Model of Staff Development." *Early Childhood Education Journal* 33, no. 5 (2006): 363–370.

Rogoff, Barbara. *Developing Destinies: A Mayan Midwife and Town*. New York: Oxford University Press, 2011.

Rowe, D. W. "Examining Teacher Talk: Revealing Hidden Boundaries for Curricular Change." *Language Arts* 75, no. 2 (1998): 103–107.

Sandberg, Jörgen, and Gloria Dall'Alba. "Returning to Practice Anew: A Life-World Perspective." *Organization Studies* 30, no. 12 (2009): 1349–1368.

Sheridan, Susan M., Carolyn Pope Edwards, Christin A. Marvin, and Lisa L. Knoche. "Professional Development in Early Childhood Classrooms: Process Issues and Research Needs." *Early Education and Development* 20, no. 3 (2009): 377–401.

Snow-Renner, Ravay, and Patricia A. Lauer. *McRel Insights: Professional Development Analysis.* Denver: McRel, 2005.

Wenger, Etienne R. *Communities of Practice: Learning, Meaning, and Identity.* New York: Cambridge University Press, 1998, quoted in Helm, Judy Harris, "Building Communities of Practice," *Young Children* 62, no. 4 (2007): 12–16.

Whitehead, Catherine. "Definition of Learning Style." eHow. Accessed September 17, 2015.